Arena-Taschenbuch
Band 50118

Rainer Crummenerl,
geboren 1942, ist freiberuflicher Autor zahlreicher Kindersachbücher.
Er lebt unweit von Leipzig im sächsischen Burgen- und Heideland.
Viele Besuche in den Burgen, Schlössern und Adelssitzen seiner näheren Umgebung
machten ihn neugierig auf ähnliche Zeugnisse der Vergangenheit in anderen Regionen.

Hauke Kock,
Jahrgang 1965, studierte Kommunikations-Design. Seit 1991 arbeitet er als freischaffender Illustrator.
Er illustriert vor allem Kinder- und Jugendsachbücher.
Geschichtliche Themen bilden dabei seinen Schwerpunkt.
Sein Interesse gilt außerdem der freien Malerei und der Fotografie.

Rainer Crummenerl

Auf den Spuren der Dinos, Wikinger, Römer und Ritter

Eine Abenteuerreise durch Deutschland, Österreich und die Schweiz

Mit Bildern von Hauke Kock

Arena

Dieser Sammelband enthält die Titel:
Abenteuerreise in die Welt der Burgen
Abenteuerreise in die Welt der Römer
Abenteuerreise. Von den Dinosauriern bis zu den Wikingern

In neuer Rechtschreibung

1. Auflage als Arena-Taschenbuch 2009
© dieses Sammelbandes 2009 by Arena Verlag GmbH, Würzburg
Einzelbände © 2004 (Abenteuerreise in die Welt der Burgen),
2005 (Abenteuerreise in die Welt der Römer),
2005 (Abenteuerreise. Von den Dinosauriern bis zu den Wikingern) by Arena Verlag GmbH, Würzburg
Fachliche Prüfung: Dr. Reinhard Friedrich, Europäisches Burgeninstitut,
Einrichtung der Deutschen Burgenvereinigung e.V., Dr. Dirk Schmitz,
Archäologischer Park/Regionalmuseum Xanten,
Dr. Antje Justus, Museum für die Archäologie des Eiszeitalters, Schloss Monrepos
Innenillustrationen: Hauke Kock
Umschlaggestaltung: Frauke Schneider, unter Verwendung von Illustrationen von Hauke Kock
und den im Bildquellennachweis auf S. 146 angegebenen Fotos
Umschlagtypografie: knaus. büro für konzeptionelle und visuelle identitäten, Würzburg
Gesamtherstellung: Westermann Druck Zwickau GmbH
ISSN 0518-4002
ISBN 978-3-401-50118-5

www.arena-verlag.de

Inhalt

Abenteuerreise in die Welt der Burgen   9

Ein Burgenführer entführt ins Mittelalter	10
Burg Bentheim	12
Burg Berwartstein	14
Burg Burghausen	16
Burg Chillon	18
Burg Eisenhardt	20
Burg Eltz	22
Burg Falkenstein	24
Burg Hochosterwitz	26
Burg Hornberg	28
Burg Kriebstein	30
Marksburg	32
Burg Montclair	34
Alte Burg Penzlin	36
Pfalzgrafenstein	38
Burg Prunn	40
Runneburg	42
Burg Stolpen	44
Burg Trifels	46
Burg Vischering	48
Wartburg	50
Glossar	52

Abenteuerreise in die Welt der Römer   53

Die Spuren der alten Römer   54
Die Schlacht im Teutoburger Wald   56
Der Limes   58
Römerkastell Saalburg   60
Legionslager Regensburg   62
Die Heerstraße nach Süddeutschland   64
Mit dem Römerschiff zur Nordsee   66
Römerbrücken in Trier und Mainz   68
Die Römerstadt von Xanten   70
Die Palastvilla von Bad Kreuznach   72
Die Wohnhäuser von Schwarzenacker   74
Ein Römerkanal für Köln   76
Das Amphitheater von Trier   78
Die Thermen von Weißenburg   80
Das römische Theater von Mainz   82
Die Porta Nigra von Trier   84
Römische Baustellen   86
Das Landgut von Möckenlohe   88
Tafeln wie die Römer   90
Die römische Schule bei Wien   92
Der Hafentempel von Xanten   94
Glossar   96

Abenteuerreise
Von den Dinosauriern bis zu den Wikingern   97

Aus der Erde ans Tageslicht	98
Der versteinerte Wald von Chemnitz	100
Fundort Nürnberg: der erste deutsche Dinosaurier	102
Die Fischsaurier von Holzmaden	104
Der Archäopteryx von Solnhofen	106
Dinospuren in Münchehagen	108
Der Schatz von Messel	110
Die Urmenschen von Bilzingsleben	112
Das Mammut von Siegsdorf	114
Die Höhle im Neandertal	116
Die Höhlenbären vom Drachenloch	118
Die Eiszeitjäger am Rhein	120
Pfahlbauten im Bodensee	122
Die Himmelsscheibe von Nebra	124
Der Keltenfürst von Hochdorf	126
Die Funkenburg der Germanen	128
Das Opfermoor von Oberdorla	130
Die Reiterkrieger von Wien	132
Tempelort Groß Raden	134
Die Slawenburg Raddusch	136
Die Wikingerstadt Haithabu	138

Einfach vorbeigeschaut! 140
Adressen 141
Register 143
Bildnachweis 146

Abenteuerreise in die Welt der **Burgen**

Ein Burgenführer entführt ins Mittelalter

Hohe Türme, dunkle Verliese, unterirdische Gänge – wer hat hier einst gelebt, wer war hier gefangen? Immer wieder ziehen uns Burgen in ihren Bann. Sie erzählen Geschichten von längst vergangenen Zeiten. Vergangen? Auch heute gehören Burgen zu unserem Leben, denn viele von ihnen können wir besichtigen und eine Menge über sie erfahren.

Wann die erste Burg gebaut wurde, weiß man nicht genau. Die meisten aber sind im Mittelalter entstanden. So nennt man die Jahrhunderte zwischen dem Altertum und der Neuzeit. Das Mittelalter dauerte von etwa 500 n. Chr. bis 1500, also etwa 1000 Jahre. Im Mittelalter gehörte das meiste Land den Königen. Viele Königreiche waren sehr groß. Sie ließen sich nur schwer gegen Angreifer verteidigen. Daher suchte sich der König Adelige als Verbündete. Ihnen lieh er Teile seines Reichs – die so genannten Lehen. Dort herrschte der Adelige dann über die Menschen, die bei ihm lebten und arbeiteten. Sie mussten ihn auch beim Bau seiner Burg unterstützen. Und das konnte tatsächlich bis zu zwanzig Jahre dauern, meist ging es aber schneller. Viele Burgen wurden später umgebaut oder ausgebaut.

Eine Burg konnte viele Funktionen haben: Sie war geschützter Wohnsitz für den Burgherrn und seine Familie, Wehrbau, Kontrollstation, Ort der Gerichtsbarkeit, Amtssitz zum Sammeln von Abgaben, gelegentlich auch Grenzsicherung oder Zollburg.

Die Burgen sollten das Land beherrschen und beschützen. Da war es klug, sie auf einem Hügel oder steilen Felsen zu errichten.

So entstanden die Höhenburgen. Andere Burgen, die Wasserburgen, schützte man durch einen See oder Wassergraben. Es gab auch Felsenburgen, Hangburgen und Stadtburgen. Eine Burg war nicht etwa nur ein einzelnes Gebäude, in dem der Burgherr mit seiner Familie wohnte. Nein, manche Burganlagen ähnelten einer richtigen kleinen Stadt: mit Werkstätten, Brunnen, Zisternen, einer Kapelle, Gärten, Ställen, gelegentlich einem Gefängnis, Vorratslagern und anderen Einrichtungen.

Eckturm

Die meisten Burgen hatten hohe Türme, dicke Mauern, starke Tore und tiefe Gräben. Oft war es dem Feind kaum möglich, in ihr Inneres zu gelangen. Doch dann brach ein neues Zeitalter an. Durch die Erfindung der Feuerwaffen ließen sich Burgen leichter einnehmen. Und so baute man bald keine mehr. Dafür entstanden prächtige Schlösser zum Wohnen und Festungen, die mit Kanonen bestückt waren.

Viele Burgen kennen wir nur als Ruinen. Andere haben die Jahrhunderte überdauert. Manche wurden auch wieder aufgebaut. Doch wie sah eine Burg, die wir heute besichtigen können, ursprünglich aus? Manches lässt sich nur vermuten. Und so sind auch die Bilder in diesem Buch als Annäherung an vergangene Zeiten zu verstehen.

Dieses Buch stellt einige der interessantesten Burgen Deutschlands, Österreichs und der Schweiz vor. Warum diese und nicht die vielen anderen? Weil diese uns das Mittelalter in seiner ganzen Vielfalt nahe bringen. Eine Zeitreise beginnt, eine Zeitreise mitten hinein ins turbulente Leben des Mittelalters ...

Rainer Crummenerl

BURG BENTHEIM

Ist das etwa eine Höhenburg? Ja, natürlich! Dabei steht sie nur auf einem Sandsteinsockel. Er ist kaum 50 Meter hoch. Das flache Land ringsumher lässt ihn aber höher erscheinen. Bekrönt wird der kleine Berg vom massigen Pulverturm und den zinnenbewehrten Mauern der Burg. So wirkt er dann doch recht stattlich.

Der rettende Windstoß

Fast wäre die Burg vernichtet worden. 1795 wurde sie nämlich in Brand geschossen und besetzt. Dies geschah im Krieg gegen die französische Revolutionsarmee. Später mussten sich die Franzosen zurückziehen. Zuvor versuchten sie noch den Bergfried zu sprengen. Doch das gelang ihnen nicht. Ein Windstoß hatte die eiserne Tür zum Pulverturm zugeworfen. Die schon brennende Lunte der Sprengladung wurde abgeklemmt. So blieb der vertraute Blick auf Burg und Berg erhalten.

Der Stein der Weisen

Auf Bentheim gibt es noch einen zweiten Turm, den 45 Meter hohen Batterieturm. In seinen beiden unteren Geschossen befinden sich Kammern für schwere Feuerwaffen. Das obere Gewölbe birgt zahlreiche Glasgeräte, seltsame Öfen, Töpfe und Tiegel. Sie gehören zu einem Alchemistenlabor. Dort flackerte, brodelte und zischte es manchmal gewaltig. Die Alchemie war im Mittelalter sehr verbreitet. Die Alchemisten suchten nach dem sagenumwobenen »Stein der Weisen«. Er sollte ihnen Weisheit und ewige Jugend bringen. Später wollten sie aus unedlen Metallen Gold herstellen. Doch das kann niemand. Auch die Grafen von Bentheim haben 1592 ein Alchemistenlabor für Medizinstudenten betrieben.

In ihren Laboratorien suchten die Alchemisten des Mittelalters nach einem Allheilmittel, das die Menschen vor Krankheit und Tod bewahren sollte.

Ein Brunnen aus der Vergangenheit

Die Burg Bentheim ist fast 1000 Jahre alt. Das sieht man ihr nicht an. Viele der einst zerstörten Teile wurden wieder aufgebaut. An die frühen Jahre der Burg aber erinnert der 23 Meter tiefe Brunnen. Der Sage nach soll er das Werk zweier gefangener Ritter sein.

Der mächtige Batterieturm auf Burg Bentheim ist noch heute zu besichtigen.

Im Batterieturm befindet sich ein Alchemistenlabor.

Tödlicher Brunnenbau

Jahrelang schmachteten die Gefangenen in einem dunklen Verlies unterhalb des Pulverturms. Für den Preis ihrer Freiheit boten sie dem Burgherrn den Brunnenbau an. Nach zehn Jahren hatten sie es geschafft. Überglücklich sanken sie sich in die Arme. Dann starben sie vor Anstrengung und Freude.

Burgen-Steckbrief

Burgentyp: Höhenburg
Lage: Sandsteinsockel in Bentheim
Erste urkundliche Erwähnung: 1020
Heute: Museum und Baudenkmal
Sehenswert: Batterieturm, Kapelle, Pulverturm, Kronenburg
Besonderheit: Die Burg ist Wohnsitz der Fürstenfamilie.

BURG BERWARTSTEIN

Tief im Pfälzer Wald erhebt sich auf einem Felsen eine stolze Burg. Möglicherweise reichen ihre Anfänge 1000 Jahre zurück. Genau weiß das aber niemand. Zunächst begannen die Menschen wohl den Felsen zu einer Burg auszubauen. Mühsam hackten sie Höhlen, Treppen und Gänge aus dem Gestein heraus. Drohte Gefahr, flüchteten sie in ihre wehrhafte, versteckte Behausung. Erst später erhielt die Höhlenfestung ihre zusätzlichen Aufbauten.

Die Berwartsteiner kommen

Die Berwartsteiner wurden 1201 Eigentümer der Burg. Ihre nahezu uneinnehmbare Feste war nur über einen Aufstiegskamin zu erreichen. Im Notfall zog man einfach die herabhängenden Treppen und Strickleitern herauf und warf Steine auf die Eindringlinge hinunter. Die Berwartsteiner hatten viele Feinde. Wie die meisten »Raubritter« überfielen sie Kaufleute und drangen in fremde Gebiete ein. 1314 belagerten die geplagten Einwohner von Straßburg und Hagenau die Burg. Nur durch Verrat gelang es, sie einzunehmen. Die Berwartsteiner wurden hart bestraft und verarmten.

Raubritter Hans von Drodt

»Raubritter« gab es aber auch noch später. Ab 1485 herrschte der rauflustige Hans von Drodt auf der Burg. Der ehemalige kurfürstliche Heerführer machte sich über die Dörfer der Abtei von Weißenburg her. Einmal ließ er ein Flüsschen aufstauen – Mühlen und Flößerei wurden geschädigt. Später zerstörte er den Damm wieder – schwere Überschwemmungen folgten. Schließlich zog Drodt mit 2000 Mann vor Weißenburg, verbrannte Dörfer und nahm Gefangene. Gegen Lösegeld ließ er sie wieder frei. Drodts Untaten beschäftigten den Kaiser, das Reich, ja selbst den Papst in Rom. Aber sein Freund, der Kurfürst, deckte den Bösewicht immer wieder, der alsbald Botschafter in Frankreich wurde.

Aufbruch der »Raubritter«

Burgen-Steckbrief

Burgentyp: Felsenburg
Lage: Pfälzer Wald
Erste urkundliche Erwähnung: 1152
Ausgebrannt 1591 und wieder aufgebaut 1891
Sehenswert: Höhlengänge, Rittersaal, Folterkammer
Besonderheit: heute einzige bewohnte Burg der Pfalz

Die Weiße Frau geht um

1591 zerstörte eine Feuersbrunst die Burg. Noch heute erzählt man sich die Sage von der Burgfrau Barbara. Hoch loderten die Flammen – da sprang sie mit ihrem Kind in die Tiefe. Seither soll sie in stillen Nächten auf der Burg erscheinen, um in weißen, wallenden Gewändern wehklagend ihren Sprung zu wiederholen. Gelegentlich ist sie wohl auch zur Geisterstunde in der Burg anzutreffen.

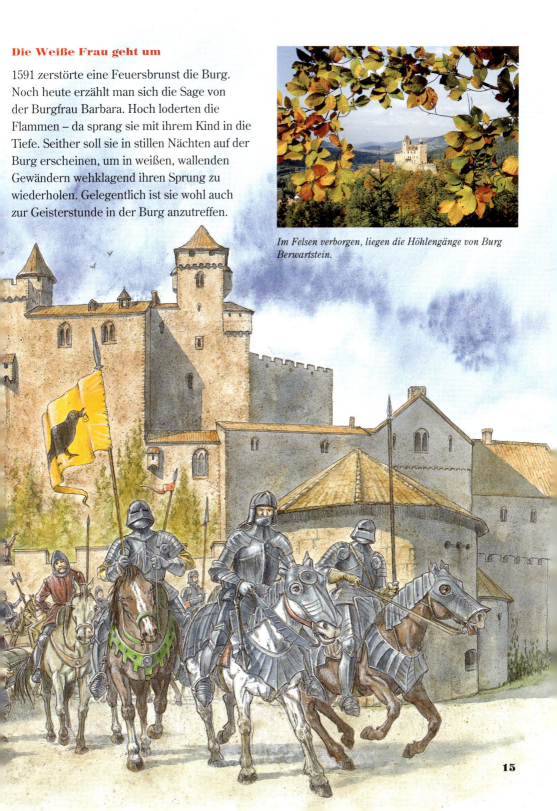

Im Felsen verborgen, liegen die Höhlengänge von Burg Berwartstein.

BURG BURGHAUSEN

Lang, länger, Burghausen. Keine andere deutsche Burg hat so viele Türme, Tore, Häuser und Mauern aufzuweisen. Burghausen ist über 1000 Meter lang. Sie erstreckt sich auf einem Höhenzug zwischen der Salzach und dem Wöhrsee. Die Burghänge fallen 60 Meter steil zum Wasser ab. Nur der Zugang von der Nordseite liegt ebenerdig. Er wird durch ein mächtiges Bollwerk geschützt.

Tiefe Gräben, trutzige Tore

Eigentlich besteht Burghausen aus sechs einzelnen, in sich geschlossenen Burganlagen. Sie sind durch tiefe Gräben und trutzige Torbauten geschützt. Zugbrücken verbinden die hintereinander gruppierten Burghöfe. Diese ausgedehnte Bauweise erfüllte vor allem einen Zweck: Der Feind sollte sich bei der Eroberung der Vorburgen so erschöpfen, dass er die Hauptburg gar nicht erst erreichte.

Großbaustelle Burg Burghausen

Ihre heutige Gestalt erhielt die Burg im 15. Jahrhundert. Angst vor türkischen Angriffen ließ die damaligen Burgherren die Anlage immer stärker befestigen. Zeitweilig sollen über 4000 Maurer, Steinmetze, Zimmerleute und Arbeiter aus ganz Bayern beim Bau beschäftigt gewesen sein. Das war sehr teuer. Aber Herzog Georg »der Reiche« schwamm geradezu im Geld. 100 000 Gulden hat er für den wehrhaften Ausbau der Burg bezahlt. Ein Gulden entspricht dem heutigen Wert von 200 Euro!

Bauarbeiten im Mittelalter

Als Herzog Georg der Reiche gestorben war, wurden seine Schätze mit über 70 Pferdegespannen abtransportiert.

Hochzeit im Geldregen

Unter den Landshuter Herzögen wurde Burghausen Nebenresidenz. Hier verwahrten sie auch ihre Schätze. Vom Reichtum des berühmtesten Burghausener Burgherrn kündete auch seine Hochzeit mit der polnischen Königstochter Hedwig im Jahre 1475. Sie soll 60 000 Gulden verschlungen haben. Die Rechnung wies unter anderem 323 Ochsen, 285 Schweine, 1758 Schafe, 1537 Lämmer, 40 000 Hühner und 194 000 Eier aus.

Burghausen, die längste Burganlage Deutschlands, erstreckt sich über mehr als 1000 Meter.

Kein Erbe in Sicht

Und lohnten sich diese Ausgaben? Für Georg den Reichen offenbar nicht. Aus seiner Ehe gingen keine männlichen Erben hervor, was damals für die Erbfolge wichtig war. Deshalb musste Hedwig ihre Jahre in Burghausen verbringen. Der Landshuter Hof blieb ihr verschlossen. Schlimmer aber war der dadurch ausgelöste Erbfolgekrieg. Er zerstörte weite Teile Bayerns.

Burgen-Steckbrief

Burgentyp: Höhenburg
Lage: Bergrücken an der Salzach
Größe: 1034 Meter lang
Erste urkundliche Erwähnung: 1025
Heute: staatliches Baudenkmal mit Museen
Sehenswert: gesamte Anlage, Foltermuseum
Besonderheit: längste Burganlage Deutschlands

BURG CHILLON

Ist das wirklich eine Burg? Vom bewaldeten Steilhang oben gleicht sie eher einem Schiff. Chillon ist eine Wasserburg. Sie steht auf einem Felsen am Nordufer des Genfer Sees. Von hier aus überwachte sie einst die Straße am Seeufer. Diese führte von den Nordalpen nach Italien. An Chillon kam keiner vorbei. Eine Burg mit Zollstation würde hier viel Geld einbringen.

Eine uneinnehmbare Festung

Verwirklicht haben diesen Plan die Grafen von Savoyen. Sie gaben der Anlage ihr heutiges Gesicht: den in der Mitte aufragenden Bergfried und die sich seeseitig reihenden Wohngebäude. Sie sind vom Land her nur schwer anzugreifen. Die bedrohte Landseite dagegen erhielt einen doppelten Mauergürtel. Er wurde durch mehrere Wehrtürme verstärkt. So bildeten Gebäude und Mauern einen geschlossenen Ring, der die Burg vor Feinden sicherte.

Kampflos den Schweizern überlassen

Und doch wurde die Burg einmal eingenommen. Das geschah 1536, als die Schweizer den Savoyern den Krieg erklärten. Zu diesem Zeitpunkt hatten sich die Grafen aber schon längst von ihrer Lieblingsburg zurückgezogen. Die Schweizer stellten am Steilhang Kanonen auf und schossen ein paar Löcher in das Dach der Burg. Da floh der Verwalter mit seinen Soldaten über den See. Kampflos fiel die verlassene Festung an die Eroberer.

Burg unter Beschuss! Der Verwalter und seine Soldaten fliehen über den See.

Burgen-Steckbrief

Burgentyp: Wasserburg
Lage: Felsen im Genfer See
Erste urkundliche Erwähnung: 1150
Heute: Baudenkmal und Museum
Sehenswert: gesamte Anlage
Besonderheit: Das Bild der Burg ist in der ganzen Welt verbreitet.

Der Gefangene am Pfeiler

Im Untergeschoss der Burg entdeckten die Schweizer einen Kerker. Wasser aus dem See konnte in ihn eindringen. Einer der Gefangenen war der Dichter und Historiker Francois Bonivard. Man fand ihn angekettet an einen Pfeiler. Wie es heißt, hätten seine Füße den Stein um den Pfeiler ausgehöhlt – so lange sei er hier unentwegt in dem engen Kreis herumgeschritten, den seine Ketten zuließen.

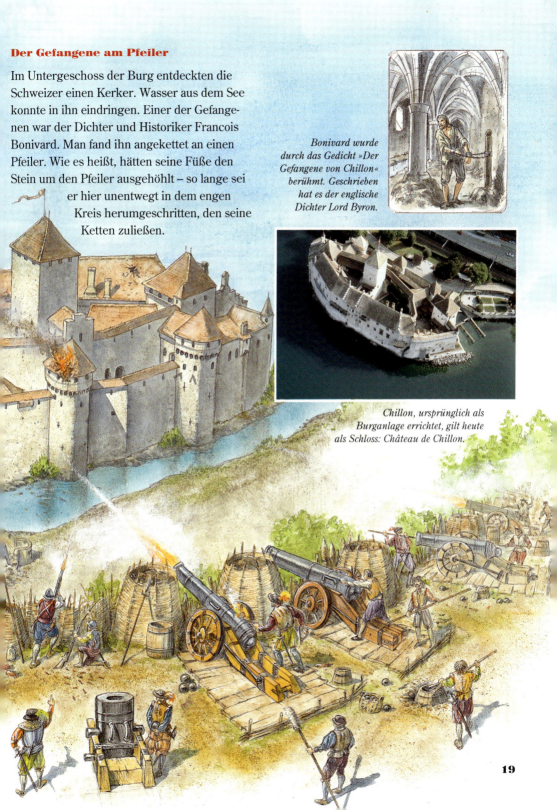

Bonivard wurde durch das Gedicht »Der Gefangene von Chillon« berühmt. Geschrieben hat es der englische Dichter Lord Byron.

Chillon, ursprünglich als Burganlage errichtet, gilt heute als Schloss: Château de Chillon.

BURG EISENHARDT

Ländecken, was bist du für ein Sändecken«. Das soll Martin Luther gesagt haben, als er 1530 Belzig besuchte. Belzig liegt im Hohen Fläming. Dort gibt es viel Sand und riesengroße Steine. Wie sind die bloß hierher gekommen?

Nur ein Steinwurf

In alter Zeit verdingten sich im Fläming drei Riesen als Bauleute. Der eine baute die Burg von Belzig, der zweite die Wiesenburg und der dritte Burg Rabenstein. Als zwei von ihnen sahen, dass der Turm von Belzig am schnellsten in die Höhe wuchs, schleuderten sie wütend riesige Steine nach ihm. Vergeblich. So liegen sie noch heute als Findlinge im Sand des Fläming. Das jedenfalls behauptet die Sage.

Gefängnis und letzte Zuflucht

Höchstwahrscheinlich übernachtete Martin Luther damals in der Burg. Da hatte sie bereits eine totale Zerstörung hinter sich. Erhalten blieb nur der Burgturm. Er wurde um 1200 als Bergfried erbaut.

Hoch ragt der Bergfried von Burg Eisenhardt in den Himmel.

Der Belziger Bergfried ist 24 Meter hoch. Er diente als Vorratslager, Gefängnis, Aussichtspunkt, Wehrplattform, vor allem aber als letzte Zuflucht in Angriffs- und Belagerungszeiten. Deshalb ist er auch mit einer Kaminecke und einer Abortnische versehen. Man nannte sie das »haymlich Gemach«. Der Eingang des Turmes befand sich ursprünglich in zwölf Meter Höhe.

Warum der Bergfried Butterturm heißt

Häufig ähnelt der Bergfried einem Butterfass. Deshalb heißt er nicht nur in Belzig »Butterturm«. Vielleicht hat zu dieser Bezeichnung aber auch die Wahl des Bindemittels beim Bau beigetragen: Im Mittelalter gab man dem Kalkmörtel häufig Buttermilch, Magermilch, Eier oder auch Tierhaare bei. Solche Mauern wurden oft hart wie Beton.

Burgen-Steckbrief

Burgentyp: Höhenburg
Lage: Höhenrücken im Fläming
Erste urkundliche Erwähnung: 997
Heute: Baudenkmal und Museum
Sehenswert: Bergfried, Brunnen, Kapelle
Besonderheit: größte Höhenfestung Norddeutschlands

Eisenhar(d)te Grenzfestung

Später erhielt die Burg den Namen »Eisenhardt«. Er sollte ihre Stärke ausdrücken: 1465 war aus der mittelalterlichen Anlage eine mächtige Grenzfestung mit sieben runden Ecktürmen geworden. Das hielt die Schweden aber nicht davon ab, ihr 1636 schwer zuzusetzen. 1712 übernachtete der russische Zar Peter I. auf der Festung. Da war sie aber schon wieder in Stand gesetzt.

Der Bergfried bot Schutz vor den Angreifern.

BURG ELTZ

Eine Märchenburg wie aus dem Bilderbuch! Umgeben von viel Grün, ragen die verschachtelten Gemäuer, steilen Dächer und spitzen Türmchen im engen Elzbachtal auf. So und nicht anders stellen wir uns eine mittelalterliche deutsche Musterburg vor. Wohl deshalb zierte Eltz auch jahrelang den 500-DM-Schein.

Allen gehört alles

Erster und alleiniger Burgherr war Rudolf von Eltz. Der kaiserliche Dienstmann bewohnte Mitte des 12. Jahrhunderts die damals noch kleine Turmburg am Elzbach. Doch bald schon begann sie zu wachsen. Und das kam so: 1268 spaltete sich die Familie des Grafen Eltz in drei Hauptlinien. Um Erbstreitigkeiten zu vermeiden, teilten sie Burg und Güter unter sich auf. Eltz wurde zu einer so genannten Ganerbenburg. In ihr lebten fortan mehrere Linien des Hauses Eltz in einer Erb- und Wohngemeinschaft zusammen. Burgfriedensbriefe regelten ihr Miteinander.

Eine Burg mit 100 Räumen

Jede Linie des Hauses Eltz baute im Laufe der Jahrhunderte ihr eigenes Anwesen aus. Viel Platz bot das kleine Felsenplateau allerdings nicht. So entstand schließlich eine Randhausburg. Ihre acht hoch aufragenden Wohntürme gruppierten sich eng um den Innenhof. Sie hatten mehr als 100 Räume. Auf Eltz lebten bis zu 100 Familienmitglieder. Hinzu kamen etwa ebenso viele Bedienstete.

Die Eltzer Fehde

Eltz diente von Anfang an mehr als Wohnsitz denn als Befestigungsanlage. Dennoch war die Burg ausgesprochen wehrhaft.

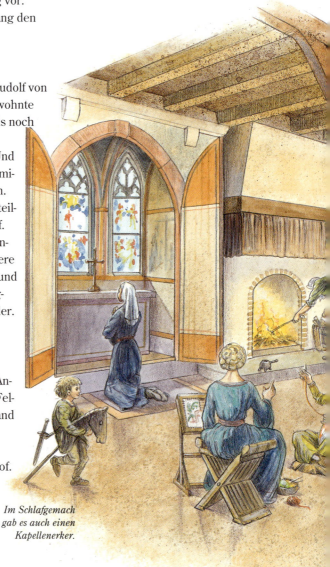

Im Schlafgemach gab es auch einen Kapellenerker.

Das bekam Kurfürst Balduin in den Jahren 1331–36 zu spüren. Damals sahen die freien Reichsritter ihr uraltes Recht auf Fehde gefährdet. Nach diesem Recht durften sie ihre Streitigkeiten mit dem Schwert regeln. Die Ritter gründeten ein Bündnis. Balduin wollte es zerschlagen. 1331 zog er auch vor die Burg Eltz. Doch der Sturm misslang.
Da ließ der Kurfürst auf einem Hügel gegenüber eine kleine Belagerungsburg errichten. Von ihr aus wurde Eltz mit Schleudergeschützen bekämpft.

Burg Eltz gilt als eine deutsche Musterburg.

Der Eltzer Friede

Die Belagerung dauerte mindestens zwei Jahre. Sie endete siegreich für Balduin mit dem 1336 geschlossenen Eltzer Frieden. An die einzige militärische Auseinandersetzung der Eltzer erinnern noch heute die Steinkugeln der Schleudergeschütze im Innenhof der Burg.

Burgen-Steckbrief

Burgentyp: Höhenburg, Randhausburg
Lage: Felsenplatte über dem Elzbachtal in Rheinland-Pfalz
Erste urkundliche Erwähnung: 1157
Heute: restauriert und zu besichtigen
Sehenswert: Rittersaal, Schlafgemach, Schatzkammer, historische Küche
Besonderheit: seit 33 Generationen in über 800 Jahren im Besitz der gleichnamigen Familie

BURG FALKENSTEIN

Mehr als 900 Jahre bewacht diese Burg schon den Ostharz. Und doch ist sie die »neue«. Die »alte« Burg Falkenstein wurde 1115 zerstört. Sie gehörte zu den von Kaiser Heinrich IV. im Harz errichteten Wehranlagen. So also entstand eine neue Burg Falkenstein. Burchard von Konradsburg ließ sie auf einem Felsrücken bauen. Wenig später nannte er sich »von Falkenstein«. Ab 1155 führten die Falkensteiner den Grafentitel.

Der Graf gibt den Ton an

Was machte der Graf von Falkenstein den ganzen Tag? Er prüfte Dienste und Abgaben, schlichtete Streitigkeiten, gab den Hochzeitssegen und achtete darauf, dass die Burg wehrhaft blieb. Die Bewohner der Dörfer mussten auf seinen Feldern arbeiten und von ihren eigenen Äckern und ihrem Vieh Naturalabgaben an ihn leisten. Auch waren sie zu Diensten auf der Burg verpflichtet. Den Grafensitz Falkenstein umringten in seinen besten Jahren etwa 30 Ortschaften und 15 Feudalsitze, Kapellen, Mühlen und Bergwerke. Das war zwischen 1200 und 1250.

Gewohnheit ist Recht

In dieser Zeit wurde Falkenstein weit über den Harz hinaus bekannt. Das ist dem damaligen Burgbesitzer Hoyer von Falkenstein zu verdanken. Der Graf veranlasste den Ritter Eike von Repgow das damals geltende Recht aufzuzeichnen. Im Mittelalter galt als Recht, was Gewohnheit war. Gewohnheit war beispielsweise »Wer zuerst kommt, mahlt zuerst«. Repgow schrieb viele solcher Regeln nieder. Er hielt auch fest, wer beim Zusammentreffen zweier Fuhrwerke in den engen Gassen Vorfahrt hatte. Oder wem die Früchte gehören, die über den Gartenzaun hinauswachsen. Der »Sachsenspiegel« spiegelte den Rechtsbrauch. Er wurde Vorbild für viele weitere Rechtsbücher.

Burgen-Steckbrief

Burgentyp: Höhenburg, Randhausburg
Lage: Selketal im Ostharz
Erste urkundliche Erwähnung: 1115
Heute: Baudenkmal und Museum
Sehenswert: Kernburg, Tore, Wohnturm, Küche
Besonderheit: Die alte Schwarzküche wird mitunter in Betrieb genommen.

Die Bauern liefern ihre Abgaben auf der Burg ab.

Eine Märchenburg wie im Kino

200 Jahre haben die Falkensteiner an ihrer Burg gebaut. Dann besaßen sie eine fast uneinnehmbare Bergfeste. Eine 17 Meter hohe Schildmauer schützte sie. Den Zugang zur Hauptburg sicherten sieben Tore, fünf Zwinger und drei tiefe Gräben. Dennoch wurde sie einmal erobert. Doch das haben die Falkensteiner schon nicht mehr erlebt. Ihr Geschlecht erlosch 1334. Seit dieser Zeit hatte die Burg wechselnde Besitzer. Vor wenigen Jahren war sie sogar im Kino zu sehen – als Kulisse zahlreicher Märchenfilme.

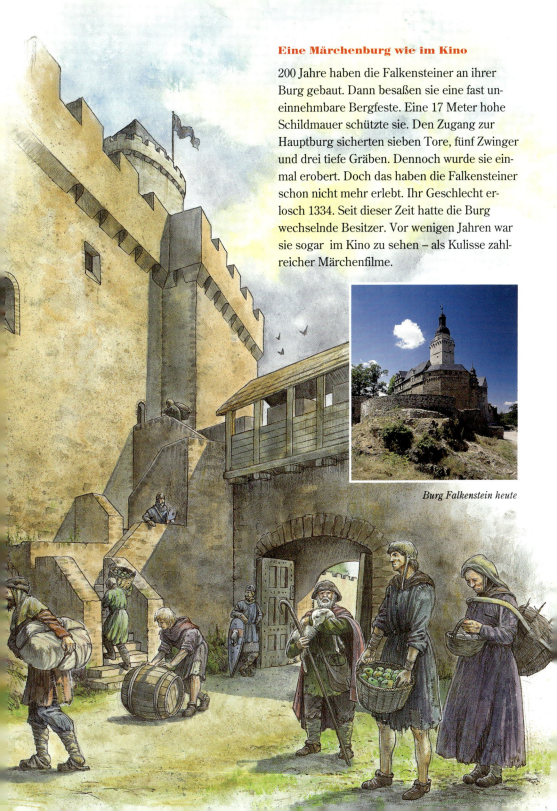

Burg Falkenstein heute

BURG HOCHOSTERWITZ

So viele Tore hat keine andere Burg! Vierzehn sind es und jedes trägt einen eigenen schönen Namen. Fähnrichtor heißt das erste, Engelstor das vierte, Löwentor das fünfte, Kirchentor das dreizehnte. Jedes Tor ist anders, aber alle sind sie befestigt. Sie versperren den Weg hinauf zum Plateau. Dort, in 150 Meter Höhe, lockt das Burggebäude. Es steht auf einem steil nach allen Seiten abfallenden Felsen.

Waffen für 700 Mann

Furcht vor Türkenangriffen war der Hauptgrund für den aufwändigen Ausbau der rund 1000 Jahre alten Burg. Aber auch die immer wirkungsvolleren Feuerwaffen trugen zu einem neuen Schutzbedürfnis bei. Sie läuteten das Ende des Rittertums ein. Im 16. Jahrhundert erhielt die Burg den stolzen Titel »Haupt Vestung«. In ihrer Rüstkammer lagerten einst Waffen für 700 Mann: 33 Geschütze, 365 Büchsen, 135 Hellebarden, 102 Streitspieße, Degen und »Halskrausen«. Das sind an einer langen Stange angebrachte runde, vorne offene und innen mit Spitzen gespickte Stahlfedern, mit denen man die Köpfe von Eindringlingen einfing.

Tor für Tor eine Festung

Der 600 Meter lange Weg hinauf zur Burg umkreist den Berg in vielen Windungen. Dabei überbrückt er Schluchten und lehnt sich an Felswände. Gesichert wird er von den 14 Toren, die jedes für sich erobert werden mussten. Dabei war der Angreifer aber von allen Seiten einem Angriff ausgesetzt. Und wer tatsächlich bis zum letzten vorgedrungen wäre? Der hätte bei hochgezogener Zugbrücke erst einen tiefen Graben überwinden müssen. Dann wäre er an ein vielfach verriegeltes Tor gekommen. Von ihm konnte ein schwerer, gespitzter Fallbaum herabgelassen werden. Im Tor selbst prasselten Steine auf den Angreifer nieder. Ein Fallgatter und ein weiteres Tor waren das letzte Hindernis.

Sturm auf das Khevenhüllertor

Burgen-Steckbrief

Burgentyp: Höhenburg
Lage: frei stehender Felsen in Kärnten, Österreich
Erste urkundliche Erwähnung: 860
Heute: Baudenkmal und Museum
Sehenswert: Tore, Kapelle, Rüstkammer, Waffensammlung
Besonderheit: seit 1571 im Besitz der Familie Khevenhüller

Die List mit dem Stier

Diese Burg konnte man nur durch Belagern erobern! Die Herzogin von Tirol soll es einmal versucht haben. Nach Monaten griffen die Verteidiger zu einer List. Sie schlachteten ihren letzten mageren Stier, füllten ihn mit Brot und den anderen restlichen Lebensmitteln und warfen ihn in die Tiefe. Die Belagerer glaubten, was sie glauben sollten: dass es den Verteidigern gut ging und dass sie es noch lange dort oben aushalten könnten. Die List gelang. Aber sie gehört ins Reich der Legende.

Vierzehn Tore führen hinauf zum Burggebäude von Burg Hochosterwitz.

BURG HORNBERG

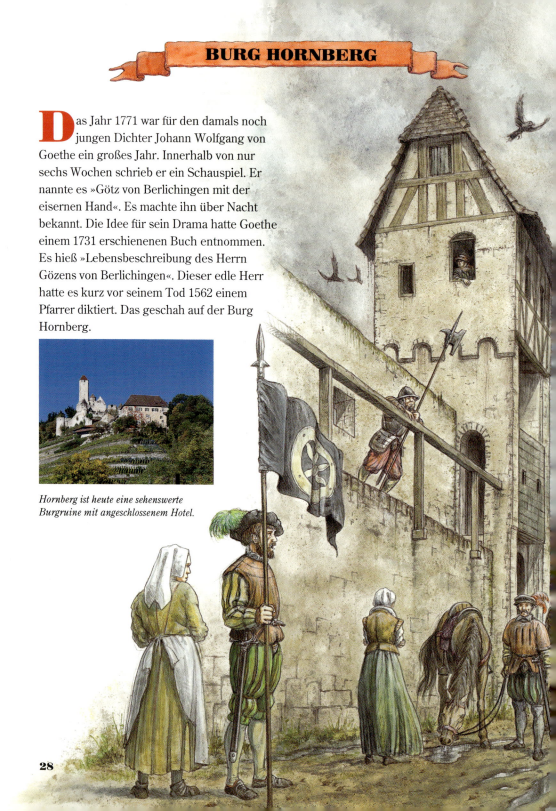

Das Jahr 1771 war für den damals noch jungen Dichter Johann Wolfgang von Goethe ein großes Jahr. Innerhalb von nur sechs Wochen schrieb er ein Schauspiel. Er nannte es »Götz von Berlichingen mit der eisernen Hand«. Es machte ihn über Nacht bekannt. Die Idee für sein Drama hatte Goethe einem 1731 erschienenen Buch entnommen. Es hieß »Lebensbeschreibung des Herrn Gözens von Berlichingen«. Dieser edle Herr hatte es kurz vor seinem Tod 1562 einem Pfarrer diktiert. Das geschah auf der Burg Hornberg.

Hornberg ist heute eine sehenswerte Burgruine mit angeschlossenem Hotel.

Der Ritter mit der eisernen Hand

Götz von Berlichingen gab es also wirklich. Seine Burg Hornberg in Baden-Württemberg ist fast 900 Jahre alt. Sie entstand auf einem Felsen hoch über dem Neckartal. Dem Ritter gehörte sie seit 1517. Da besaß er schon längst eine »eiserne« rechte Hand. Seine richtige war ihm im Alter von 24 Jahren von einem verbündeten Soldaten versehentlich abgeschossen worden. Also ließ sich Götz eine künstliche schmieden. Damit konnte er sogar wieder das Schwert führen.

Ein Meister der Fehden

45 Jahre seines Lebens verbrachte der Ritter auf Hornberg. Die meiste Zeit aber war er unterwegs. Götz lebte vom mittelalterlichen Fehdewesen. Fehden dienten den Rittern zur Durchsetzung ihrer Interessen. Nur selten kämpften sie direkt miteinander. Man zog es vor, seine Feinde zu berauben. Götz von Berlichingen war darin ein Meister. Die Fehden brachten ihm sehr viel Geld ein. Häufig wurde er aber auch bestraft. In den Bauernkriegen führte er einmal eine Bauernhorde an. Dafür kam er in Haft. Später kämpfte der Ritter für den Kaiser.

Die Rüstung im Palas

Was trieb Götz, wenn er doch einmal auf seiner Burg weilte? Dann stieg er vielleicht auf den 33 Meter hohen Bergfried und genoss den herrlichen Blick über das Neckartal. Oder er schaute im Pulverturm nach dem Rechten. Der explosionsgefährdete Turm steht sicherheitshalber außerhalb der Hauptburg. Im Winter wird sich der Burgherr im Palas gewärmt und sehnsüchtig seine Rüstung betrachtet haben, die sich noch heute auf der Burg befindet.

»Den Helm bitte für Herrn Götz von Berlichingen!«

Burgen-Steckbrief

Burgentyp: Höhenburg
Lage: über dem Neckar bei Neckarzimmern
Erste urkundliche Erwähnung: 1184
Heute: Burgruine mit angeschlossenem Hotel
Sehenswert: Bergfried, Burgkapelle, Palas
Besonderheit: Götz von Berlichingens Original-Rüstung im Museum

BURG KRIEBSTEIN

Es ist der 4. Oktober 1384. Dietrich von Beerwalde taucht feierlich seine Feder ins Tintenfass und schreibt einen Brief. Darin tut er kund, dass sein Landesherr ihm gestattet hat den »Krywensteyen« – den Kriebstein – ausbauen zu dürfen. Der Herr ist der Markgraf von Meissen. Dietrich gelobt Dankbarkeit. Er verspricht seinem Herrn die Burg in Kriegs- und Fehdezeiten als Zufluchtsort oder als Stützpunkt offen zu halten.

Ein Turm wächst in den Himmel

Dietrich hatte gute Handwerker. Schon kurze Zeit später erhob sich auf der höchsten Klippe des von der Zschopau umflossenen Kriebsteins der mächtige Wohnturm. Er ist 45 Meter hoch. 1408 dürfte die Anlage im Wesentlichen fertig gewesen sein. Das war auch das Jahr, in dem Dietrich von Beerwalde starb. Sein Schwiegersohn Apel Vitzthum der Ältere übernahm die Herrschaft. Ereignisreiche Jahre folgten.

Die Rettung der Ritter

1415 eroberte der Ritter Dietrich von Staupitz die Burg. Darauf begannen die Mannen des Landesherrn den Felsen zu belagern. Nach sechs Monaten ergab sich Dietrich. Der Sage nach hatte kurz zuvor seine Gemahlin vom Markgrafen die Erlaubnis erhalten, dass wenigstens die Frauen mit dem Kostbarsten, was sie auf ihrem Rücken tragen könnten, abziehen dürften. Wie staunte der Markgraf, als tags darauf die Frauen ihre Männer auf dem Rücken hinausschleppten. Nach damaliger Rechtsprechung verdiente Dietrich eigentlich den Tod. Aber der Markgraf war von dieser List so beeindruckt, dass er ihn nur ins Gefängnis sperrte.

Die Urfehde

Nach sieben Jahren war Dietrich wieder frei. Gemeinsam mit seinen drei Söhnen schwor er Urfehde. Mit diesem Eid beschworen alle aus dem Gefängnis Entlassenen sich nicht zu rächen.

Die Frauen trugen ihre Männer aus der Burg, erzählt eine Sage.

Burgen-Steckbrief

Burgentyp: Höhenburg, Ringburg
Lage: Felsen über der Zschopau in Mittelsachsen
Erste urkundliche Erwähnung: 1384
Heute: Baudenkmal und Museum
Sehenswert: Kapelle, Gotische Halle, Kriebsteinzimmer
Besonderheit: vollständig erhaltener Baukomplex aus der Zeit der Gotik

Auf steilem Felsen, hoch über der Zschopau, erhebt sich die Burg Kriebstein.

Das Ende des Burgherrn

Drei Jahre später stand Apel Vitzthum der Ältere vor dem Richter. Er wurde der Untreue angeklagt und hingerichtet. Nun ging es auf Kriebstein wieder ruhiger zu. Die Burg wurde mehrmals verkauft und ausgebaut.

MARKSBURG

Eine Burg, die es zweimal gibt? Natürlich, die Marksburg. Die eine ist über 800 Jahre alt. Sie erhebt sich auf einem Felskegel nahe Braubach. Von ihren Türmen reicht der Blick weit über den Rhein. Die andere Marksburg ist noch keine zehn Jahre alt. Sie steht in Japan, an der zerklüfteten Küste der Insel Miyako. Von ihren Türmen schaut man auf eine türkisfarbene Meeresbucht.

Ein heiles Stück Mittelalter

Was gefällt den Japanern an der Marksburg? Dass sie so mächtig und trutzig wirkt? Dass sie die einzige unzerstörte Höhenburg am Mittelrhein ist? Oder dass ihre Räume besonders viel vom ritterlichen Leben vermitteln? Jedenfalls so, wie es sich die meisten von uns vorstellen. Da ist der Rittersaal, der oft aber kalt und ungemütlich war. Hier tafelten und schwafelten die Ritter. In der Kemenate schlief die Herrschaft. Sie war häufig der einzig beheizte Raum der Burg. Und in der riesigen Küche hingen die Kessel an so genannten Zahnstangen. Sollte das Essen nicht verbrennen, musste schon mal »ein Zahn zugelegt werden«.

Im Steinhagel

Ungebetene Gäste kamen bestenfalls bis an das letzte der drei Burgtore. Über ihm befindet sich ein Vorbau, der Wurferker. Aus ihm konnte man – selbst gut geschützt – Steine auf die Angreifer fallen lassen. Manch einer von ihnen wurde auch auf die Burg gebracht. Der fand sich bisweilen zu seinem Schrecken im Verlies wieder.
Die Rüstkammer ist angefüllt mit den verschiedensten Waffen. Sie zeigt auch, was die Ritter trugen, als ihre Zeit schon fast vorüber war: den Kürass, den Brustpanzer der »späten« Ritter.

Prost! Im Rittersaal wird gefeiert.

Späte Rittermode: der Kürass

Zauberpflanzen im Garten

Die Marksburg besitzt auch einen kleinen Garten. In Burggärten zog man vor allem Heilkräuter, Obst und Gemüse. Der jetzige Burggarten ist erst wenige Jahrzehnte alt. Darin wachsen Hexen- und Zauberpflanzen, Pflanzen des Aberglaubens, natürlich auch Heilpflanzen und Würzpflanzen. Krankheiten wurden im Mittelalter meist mit Kräutern behandelt. Schon im 12. Jahrhundert kannte man die Wirkung mehrerer hundert Pflanzen.

Die Marksburg ist der Sitz der Deutschen Burgenvereinigung e. V.

Ein warmes Plätzchen in der Kemenate

In der Küche wurde über offenem Feuer gekocht.

Burgen-Steckbrief

Burgentyp: Höhenburg
Lage: über Braubach am Mittelrhein
Erste urkundliche Erwähnung: 1231
Heute: Baudenkmal und Museum
Sehenswert: Kemenate, Kapelle, Küche, Rüstkammer, Kanonen
Besonderheit: Sitz der Deutschen Burgenvereinigung e. V.

BURG MONTCLAIR

Dieser seltsame Name tauchte erstmals 1190 auf. In jenem Jahr bestätigte der Papst dem Erzbischof von Trier den Besitz eines steil abfallenden Bergrückens mit dem Namen »mons clarus«. Das ist Lateinisch und bedeutet »heller Berg«. Auf diesem Berg stand eine Burg. Und es war nicht die erste.
Schon vor über 1600 Jahren suchten die Menschen auf diesem Berg Schutz, wenn die Germanen einfielen. Dann versteckten sie sich in einer einfachen Fliehburg. Die erste richtige Burg entstand hier 600 Jahre später. Sie hieß Skiva und war eine Turmhügelburg. Skiva wurde 1016 zerstört.

Als die Wasserquelle versiegte

Im 12. Jahrhundert wuchs auf dem Bergrücken eine mächtige Höhenburg. Die Herren von Montclair bauten sie zu einer gewaltigen Anlage aus mit Wehrtürmen und Gräben. Hier fühlten sie sich sicher. So plünderten sie, kassierten auf der Saar Zoll und unterdrückten die Untertanen des Erzbischofs. Voller Zorn wurde Montclair belagert. Erst als man die Verteidiger von ihrer Wasserquelle abschneiden konnte, gelang es 1351, die Burg einzunehmen und zu zerstören.

Klein, aber wehrhaft

1439 trug der Berg erneut eine Burg. Sie war klein und rechteckig. An der Angriffsseite besaß sie zwei stattliche Wohntürme und zur alten Burg hin zwei kleinere Ecktürme. Burgherr war Arnold von Sierk. Aber ebenso wie sein Nachfolger nutzte er sie nur in Kriegs- und Belagerungszeiten. Langsam begann Neu-Montclair zu verfallen.

Burgen-Steckbrief

Burgentyp: Höhenburg
Lage: Saarschleife bei Mettlach
Erste urkundliche Erwähnung: 1190
Heute: Baudenkmal und Museum
Sehenswert: gesamte Anlage
Besonderheit: Die Burg ist nur zu Fuß oder per Fahrrad zu erreichen.

Skiva war eine Turmhügelburg, auch »Motte« genannt.

Die bienenfleißigen Verteidiger

Neu-Montclair wurde nie zerstört. Das hat einen einfachen Grund. Während ihrer letzten Belagerung fanden die völlig ausgehungerten Burgleute auf der Suche nach etwas Essbarem Bienenkörbe. Als die Feinde wieder angriffen, stießen sie die Körbe mit den summenden Bienen die Mauer hinunter. Die Angreifer, so behauptet die Sage, flohen entsetzt.
Ein Glücksfall für die Burg war der spätere Preußenkönig Friedrich Wilhelm IV. 1835 besuchte er die verfallenen Gemäuer und war tief beeindruckt. Also setzte er sich dafür ein, dass die Ruine auf Staatskosten restauriert wurde.

Montclair liegt auf einem von der Saarschleife umschlossenen Berg.

ALTE BURG PENZLIN

Diese Burg am Stadtrand von Penzlin in Mecklenburg ist sehr klein. Auch ihre Geschichte ist wenig aufregend: Erbaut wurde sie vermutlich um 1220. Später war sie der Stammsitz des Rittergeschlechts derer von Maltzan. Bis, ja, bis dieses verflixte 16. Jahrhundert kam. Mit ihm begann auch im deutschen Raum die Zeit der Hexenverfolgungen.

Die Alte Burg Penzlin heute

Damals glaubten die Menschen noch an die bösen Kräfte von Hexen. Man fürchtete sich vor den Teufelswesen und wollte sie vernichten. Fast 4000 Hexenprozesse gegen mehr als 3700 Frauen, Männer und sogar Kinder gab es in Mecklenburg. Einige davon fanden in der Alten Burg Penzlin statt. Über die Hälfte der »Hexen« und »Hexer« verurteilte man zum Tode. So wurden viele unschuldige Menschen auf dem Scheiterhaufen verbrannt.

Burgen-Steckbrief
Burgentyp: Niederungsburg
Lage: Penzlin in Mecklenburg-Vorpommern
Erbaut: vermutlich um 1220
Heute: aufwändig saniertes Denkmal und Museum
Sehenswert: Schwarzküche, Hexenverliese
Besonderheit: Hexenmuseum

Hinab in die Hexenkeller

Über eine steile Treppe gelangt man direkt in die Hexenkeller mit ihren fensterlosen, düsteren Verliesen. Kalt ist es hier unten sieben Meter tief unter der Erde. Die Keller besitzen in die Wände eingelassene, einzelne schmale Nischen. Hier wurden die vermeintlichen Hexen verwahrt. Sie waren an Hals, Brust, Armen und Füßen gefesselt. Noch heute kann man die Eisenbeschläge sehen. Der Fußpunkt der Nischen ist 78 Zentimeter hoch. Ohne Verbindung mit dem Erdboden sollten die Hexen ihre magische Kraft verlieren. Der Erdboden galt als Machtbereich des Teufels. Die Nischen konnten wahrscheinlich mit Türen verschlossen werden. Denn man wollte sich vor dem bösen Blick der Hexen schützen.

Der Hexenhammer

Die Nischen im Hexenkeller waren so angelegt, wie der »Hexenhammer« sie vorschrieb. So hieß das 1487 erschienene Handbuch für Hexenverfolgungen. Darin wurden die »Verbrechen« der Hexen aufgelistet und Anweisungen für die Hexenprozesse gegeben. Dazu gehörten auch Angaben darüber, wie man Hexen erkennt. Bei Trina Schlorff war es der »böse Blick, der zwei Gänse sterben ließ und das Bier ungenießbar machte«. Bevor die arme Frau auf den Scheiterhaufen kam, wurde sie gefoltert. Auch das verordnete der »Hexenhammer«.

Instrumente des Schreckens

Im düsteren Folterkeller der Alten Burg stehen noch zahlreiche Instrumente des Schreckens: der Daumenstock, mit dem man die Folter gewöhnlich begann. Natürlich auch die Streckbank und der mit Eisendornen besetzte Folterstuhl. Selbst das Kreuz, an dem den Unglücklichen die Achselhöhlen ausgebrannt wurden. Um ihr Jammergeschrei zu unterdrücken, steckte man ihnen einen Knebel in den Mund.

Nische im Hexenkeller

PFALZGRAFENSTEIN

So ein Ärger für Papst Johannes XXII! König Ludwig von Bayern hatte doch tatsächlich auf einem Felsenriff mitten im Rhein einen Turm errichten lassen, um von den Schiffern leichter Zoll zu kassieren. Dieser Turm war fünfeckig und 36 Meter hoch. Das geschah 1327 nahe der Ortschaft Kaub. Was hatte der Papst eigentlich dagegen? Er fürchtete um seine eigenen Zolleinnahmen. Denn auch die Kirche besserte ihre Kasse durch Zölle auf.

Ein steinernes Schiff

Der Zollneid im Rhein zeugt vom Kampf zwischen Kirche und Staat. Er ist typisch für das Mittelalter. In diesem Fall verlor ihn der König. Den Zollturm hatte er noch ausbauen lassen. Jetzt umgab ihn eine sechseckige, zwölf Meter hohe Mauer mit Wehrgang. Sie sollte die Zollburg auch vor Hochwasser schützen. Diese erhielt so die Form eines Schiffsrumpfes.

Eingesperrt im Brunnenschacht

Näherte sich ein Schiff der »Pfalz«, so ertönten Trompetenstöße, später Glockensignale. »Bitte sofort anhalten!«, hieß das. Damals verlief die Schiffsroute zwischen Burg und Stadt. Es war leicht, die Durchfahrt zu kontrollieren. Konnten

Brunnenverlies

die Schiffer ihren Tribut nicht bezahlen, brachte man sie auf die Burg und ließ sie in einen neun Meter tiefen Brunnenschacht hinab. Dort mussten sie auf einem Floß so lange ausharren, bis jemand kam und sie auslöste. Und wer bezahlt hatte? Der war auch nicht unbedingt glücklich: Schon wenige Kilometer weiter kam die nächste Zollstelle.

Trompetensignale forderten die Schiffe zum Anhalten auf.

Kanonen gegen Schiffe

1607 wurde die »Pfalz« abermals umgebaut. Kurfürst Friedrich IV. ließ die von Eis bedrohte Südspitze der Ringmauer verstärken. Darüber entstand eine Geschützbastion. Nun konnte man die stromaufwärts fahrenden Schiffe mit Kanonen zum Anhalten zwingen. Schießscharten, Auslug-Erker und ein zweiter Wehrgang brachten der »Pfalz« den Ruf als uneinnehmbare Bastion ein.

Pfalzgrafenstein liegt mitten

Brückenpfeiler »Pfalz«

Die »Pfalz« ist nie zerstört worden. Dabei hatte sie eine große militärische Bedeutung: 1814 setzte der preußische Feldmarschall Blücher bei der Verfolgung Napoleons mit 83 000 Soldaten und 312 Geschützen über den Rhein. Das war nur möglich, weil er von seinen Soldaten eine schwimmende Notbrücke bauen ließ. Die Pfalz-Insel bildete den Stützpunkt in der Mitte.

Burgen-Steckbrief

Burgentyp: Wasserburg, Zollburg
Lage: Felseninsel bei Kaub im Rhein
Größe: ca. 50 x 20 Meter
Erste urkundliche Erwähnung: 1327
Heute: Baudenkmal und Museum
Sehenswert: gesamte Anlage
Besonderheit: Anfahrt mit Fähre nur bei normalem Wasserstand

BURG PRUNN

Siebzig Meter über dem Altmühltal, auf einem schmalen, senkrecht abfallenden Felssporn, thront Burg Prunn. Ein zwanzig Meter breiter und neun Meter tiefer Graben trennt sie vom Hinterland. Wer sollte diese Burg je erobern? Oder ihre Mauern auch nur einmal auf einem Pferd umreiten?

Der »Schimmel zu Prunn«

Viele wagten diesen entsetzlichen Ritt. Er war die Bedingung des Burgherrn, um die Hand seiner schönen Tochter anhalten zu dürfen. Aber alle Bewerber stürzten am Steilabfall des Palas in den Abgrund. Eines Tages erschien ein weiterer todesmutiger Ritter. Kühn und mit einem geheimen Tipp des schönen Burgfräuleins ausgestattet, gelang ihm das Wagnis. Zum Andenken ließ er einen springenden Schimmel an die Außenmauer malen. Dort ist er heute noch zu sehen.
Natürlich ist diese Geschichte eine Sage. Und das aufgemalte Pferd? Es ist das Wappen der Ritter von Frauenberg. Ihnen gehörte die Burg von 1338 bis 1567.

Der springende Schimmel, das Wappenzeichen der Ritter von Frauenberg, prangt weithin sichtbar an der Burgmauer.

Ein grandioser Turniersieger

Der berühmteste Frauenberger war Hans der »Freudige« von Prunn. Er galt als einer der besten Turnierkämpfer seiner Zeit. In den Turnieren wollten die Ritter ihr Können beweisen. Hans der »Freudige« war angeblich in 360 Kämpfen mit dem Schwert unbesiegt geblieben. Ein Ritterschwert bestand hauptsächlich aus Stahl. Es wog etwa 1,3 kg.

Burgen-Steckbrief

Burgentyp: Höhenburg
Lage: Bergsporn im unteren Altmühltal
Größe: 60 x 30 Meter
Erste urkundliche Erwähnung: 1037
Heute: Baudenkmal mit sehenswertem Museum
Sehenswert: Bergfried, Kemenate, Kapelle, Palas
Besonderheit: Die Burg wird oft auch als Schloss bezeichnet.

Der Tjost war ein beliebter Zweikampf

Wertvolle Handschrift entdeckt

Die Frauenberger hatten aber auch Sinn für Schönes. An ihren vornehmen höfischen Lebensstil erinnern Reste von Wandmalereien aus dem 14. Jahrhundert. Noch wertvoller ist eine andere ihrer Hinterlassenschaften.

Es handelt sich um eine 1567 entdeckte Handschrift des Nibelungenliedes. Sie befindet sich heute in der Staatsbibliothek München. Das Nibelungenlied ist ein sehr bedeutender mittelalterlicher Heldengesang.

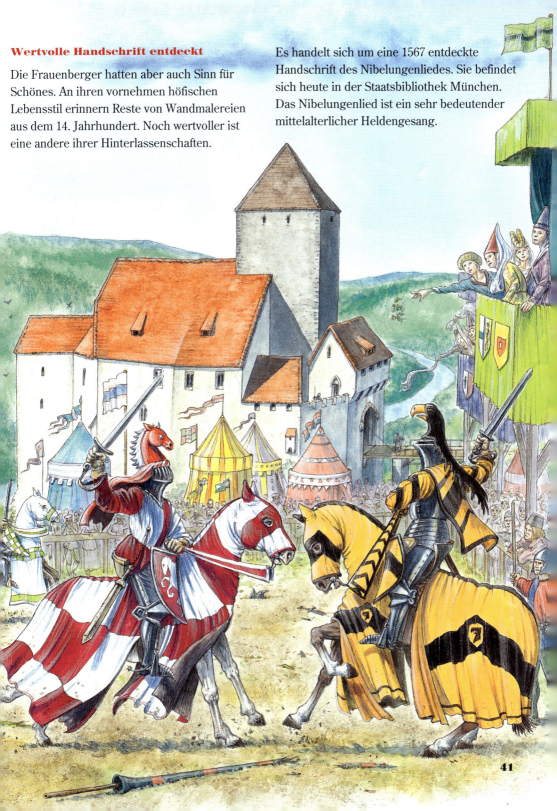

RUNNEBURG

Eigentlich sollte es diese Burg gar nicht geben. Doch die Landgräfin von Thüringen bestand auf einer »Herberge« zwischen der Wartburg im Westen und der Neuenburg im Osten. 1168 begann man mit dem Bau. Aber unglücklicherweise lag die Baustelle im Machtbereich anderer Herrscher. Die Grafen von Beichlingen beschwerten sich beim Kaiser. Friedrich I. Barbarossa verbot öffentlich den Weiterbau. Heimlich aber erlaubte er das begonnene Werk fortzusetzen. Immerhin war die Landgräfin Jutta Claricia seine Halbschwester. Sie genoss großes Ansehen.

Mittelalterliche Fußbodenheizung

Auf mittelalterlichen Burgen war es im Winter bitterkalt. Mit Kaminen beheizte man oft nur die Kemenaten, das heißt die Räume der Frauen, manchmal auch den Rittersaal. Die Runneburg aber besaß eine Steinofenluftheizung. Die zählte damals zum größten Luxus und funktionierte so: Ein kleiner Feuerungsraum war durch zwei tonnenartige Gewölbe überbaut. Eine runde Öffnung verband ihn mit dem Fußboden des darüber liegenden Raumes. Wurde geheizt, war die Öffnung verschlossen. Dann erhitzten sich die Gewölbesteine und die Luft zwischen den Gewölben. Nach dem Öffnen des Verschlusses wurde diese Warmluft abgegeben.

Angriff mit der Steinschleuder

Zweimal, 1204 und 1212, hatte sich die Runneburg als stärkste thüringische Befestigungsanlage erwiesen. Anlass der Kämpfe waren Thronstreitigkeiten. Besonders hart waren sie 1212. Damals versuchte Kaiser Otto IV. die Burg mit einer neuen Waffe zu erobern: der Blide. Das war eine gewaltige Steinschleuder. Die Blide zählte zu den wirksamsten Wurfmaschinen des Mittelalters und rief großes Entsetzen hervor. Doch kurz vor Einnahme der Burg brach Otto IV. die Belagerung ab.

Steinofenluftheizungen wie diese waren in mittelalterlichen Burgen äußerst selten.

Burgen-Steckbrief

Burgentyp: Ringburg, prachtvolle Residenz
Lage: Thüringer Becken bei Weißensee
Größe: ca. 1,5 ha große Innenfläche
Erste urkundliche Erwähnung: 1168
Heute: wird restauriert und baulich saniert
Sehenswert: Toranlage, Wohnturm, Palas, Luftheizung, Ringmauer
Besonderheit: originalgetreu nachgebaute Steinschleuder

Die Blide im Einsatz

Gewaltiger Koloss

Eine solche Kriegsmaschine kann man auf der Runneburg besichtigen. Vermutlich ist sie einer der weltweit größten, originalgetreuen Nachbauten einer Blide. 18 Meter hoch und 30 Tonnen schwer ist das gewaltige Gerät. Es befördert 90 Kilogramm schwere Steine 300 Meter weit. Die Blide wurde von acht kräftigen Männern bedient. In einer Stunde konnte immer nur ein Schuss abgegeben werden.

Jedes Jahr zu Pfingsten und an anderen besonderen Tagen wird die Blide auf der Runneburg vorgeführt. Wenn es gerade geregnet hat, bohrt sich die Steinkugel im Zielgebiet metertief in den Boden. Bei trockenem Wetter springt sie wie ein Ball auf und ab.

BURG STOLPEN

Stolpen? Dort soll es früher oft »wüst zugegangen sein. Von Kampf und Folter, Marter, Not und Tod vieler Gefangener wissen die grauen Mauern zu erzählen.« Diese Mauern sind heute nur noch halb so hoch. Stolpen ist eine Ruine. Die über 800 Jahre alte Burg thront auf einem Basaltkegel. Sie schützte das Örtchen Stolpen. Hier kreuzten sich einst zwei bedeutende Fernhandelswege. Der sorbische Name Stolpen bedeutet »Säulen«. Gemeint sind Basaltsäulen. Sie hatten sich vor 30 Millionen Jahren aus Lava gebildet.

Brunnenbau mit Hindernissen

Fast alle noch heute existierenden Bauten der Burg bestehen aus Basalt. In dieses sehr harte Gestein haben Bergleute einst einen Brunnen getrieben. Das war unglaublich mühsam. Erst erhitzten sie den Basalt. Danach wurde er mit kaltem Wasser abgeschreckt. Dann sprang das Gestein an seiner Oberfläche auf. In die feinen Risse schlugen die Knappen ihre Meißel. Täglich kamen sie nur einen Zentimeter voran. Erst in 82 Meter Tiefe stießen sie auf Wasser. Das war 1630, nach 22 Jahren Bauzeit.

Folter oder Kerker?

Auch die Folterkammer hat die Zeiten überstanden. Folter gehörte allerdings erst zur nachmittelalterlichen Rechtsprechung und war sehr grausam. Damals genügte für die Verurteilung eines Angeklagten sein Geständnis. Der Folterknecht sollte es erzwingen. Er nahm den Gefangenen unter »strengstes Verhör«. Auch die Urteile wurden häufig mittels der Folter vollstreckt. Glück hatte, wer seine Strafe im Kerker absitzen durfte. Auf Stolpen ist das ein sieben Meter tiefes Loch. Es öffnet sich im Erdgeschoss des Johannisturms.

Vor dem Brunnenbau wurde das Wasser mit Ochsenkarren auf die Burg Stolpen

Burgen-Steckbrief

Burgentyp: Höhenburg
Lage: Lausitzer Hügelland
Länge: 220 Meter
Erste urkundliche Erwähnung: 1222
Heute: denkmalgeschütztes Bauwerk und Museum
Sehenswert: Coselturm, Folterkammer, Brunnen
Besonderheit: Der Burgbrunnen zählt zu den tiefsten in Basalt geschlagenen Brunnen (82 Meter Tiefe).

Die Türme auf der Burg Stolpen sind aus Basalt gebaut und daher heute noch gut erhalten.

Rekordzeit im Gefängnis

1559 gelangte die Burg in kursächsischen Besitz. Ihr Ruf als Gefängnis aber blieb. Berühmtester Sträfling war eine Frau. Sie hieß Anna Constantia von Brockdorff. Die spätere Reichsgräfin Cosel war die Geliebte Augusts des Starken. So hieß der damalige Kurfürst von Sachsen, der auch König von Polen war. Neun Jahre lang herrschte die Gräfin über seinen Hof. Dann hatte er genug von ihr. 1716 wurde die Cosel auf Stolpen eingesperrt. Da war sie 33 Jahre alt. Keiner ahnte, dass sie die Burg nie mehr verlassen würde. Bis zu ihrem Tod 1765 blieb die Gräfin als Gefangene auf Stolpen – ganze 49 Jahre lang!

Die Reichsgräfin Cosel

BURG TRIFELS

Wer den Trifels hat, hat das Reich.« So sagte man früher. Auf Trifels wurden Kaiserkrone, Schwert, Zepter und Apfel des Deutschen Reiches verwahrt. Das waren die Reichskleinodien. Im Mittelalter galten sie als die Zeichen der Macht des deutschen Kaisers. Er trug sie aber nur zu Krönungsfeiern. Die Reichskleinodien waren Eigentum des Reiches.
Die Reichsburg erhebt sich mächtig und unbezwingbar auf dem nördlichsten der drei bewaldeten Bergkegel des Pfälzer Waldes nahe Annweiler. Zu ihrem Schutz wurden zwei weitere Burgen gebaut: Anebos und Scharfenberg. Von ihnen sind heute nur noch Reste erhalten.

Schatzkammer und Staatsgefängnis

Die Burg Trifels steht auf dem auffälligsten der drei Burgberge. Er heißt Sonnenberg und ist über 300 Meter hoch. Der Sonnenberg wurde schon vor mehr als 2000 Jahren besiedelt.
Später entstand hier eine Holzburg, dann eine Steinburg. Das war im 10. und 11. Jahrhundert.
Im 12. Jahrhundert wurde der Felsen zur mächtigen Reichsburg ausgebaut. Kaiser und Könige hielten sich hier auf. Nicht alle aber kamen freiwillig: Der Trifels war Schatzkammer und Staatsgefängnis zugleich.

Lösegeld für den König

Ende des Jahres 1192 befand sich der englische König Richard Löwenherz auf dem Rückweg von einem Kreuzzug. Zuvor hatte er den französischen König und den österreichischen Herzog Leopold V. zutiefst beleidigt. Deshalb hätte er Österreich besser meiden sollen. Dort wurde Löwenherz gefangen genommen und später dem deutschen Kaiser übergeben. Heinrich VI. setzte ihn auf Trifels gefangen. Nach neun Monaten kam der König wieder frei. Als Lösegeld musste England 28 Tonnen Silber aufbringen.

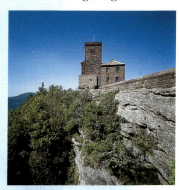

Die Burg Trifels erhebt sich auf einem Bergkegel im Pfälzer Wald.

Der englische König Richard Löwenherz lebte neun Monate lang als Gefangener auf Burg Trifels.

Ein Lied für die Freiheit

Vielleicht spielte sich alles aber auch ganz anders ab. 1194 zog der Sänger Blondel mit einigen Getreuen aus, um seinen Herrn zu suchen. Vor jeder größeren Burg stimmte er ein Minnelied an. Er hatte es einst mit dem König gesungen. Auf Trifels antwortete ihm Richard Löwenherz mit ebendiesem Lied. In der Nacht darauf befreite der glückliche Sänger seinen Herrn mit einer Hand voll Leute. Leider ist diese Geschichte zu schön, um wahr zu sein. Als Sage erzählt man sie sich noch heute.

Burgen-Steckbrief

Burgentyp: Höhenburg
Lage: Bergkegel bei Annweiler in der Pfalz
Erste urkundliche Erwähnung: 1081
Heute: Baudenkmal und Museum
Sehenswert: Brunnenturm, Burgkapelle, Wachthaus, Palas, Bergfried
Besonderheit: Nachbildungen der Reichskleinodien im Museum

BURG VISCHERING

Im 13. Jahrhundert fassten die adligen Herren von Lüdinghausen einen folgenreichen Entschluss. Sie bauten neben ihrem starken Stammsitz Lüdinghausen noch eine zweite Burg. Der bischöfliche Landesherr war äußerst besorgt. Er sah seine landesherrlichen Rechte gefährdet. Also errichtete auch er in Lüdinghausen eine Burg. Dort steht sie noch immer. Es ist die Burg Vischering. Viele sehen in ihr die schönste Wasserburg des Münsterlandes.

Eine Burg im Teich

Die Burg des Bischofs entstand auf einer sandigen Flussablagerung. Ein Teich, Wälle und Wiesen umgeben sie. Sie konnten bei Bedarf geflutet werden. Eine lange Brücke verbindet die trutzige Rundburg mit einer Vorburg. Auch sie liegt im Wasser und war nur durch befestigte Tore über wassergeschützte Inseln erreichbar. Die zwei Stockwerke hohe Ringmauer hatte einst keine Fenster. Sie umgreift nahezu geschlossen den oberen Burgplatz. Vischering war sehr wehrhaft.

Ab durch die Falltür!

1521 wurde die Burg dennoch stark beschädigt. Ein verheerendes Feuer war ausgebrochen. Es konnte nicht gelöscht werden, obwohl Vischering mitten im Wasser steht. Aber viel mehr als eine Eimerkette zum Brandort hatte man damals den Feuersbrünsten nicht entgegenzusetzen. So gingen auch die Besitzurkunden der Burgbewohner verloren. Damit dies nicht noch einmal geschehen konnte, erhielt der Boden des später gebauten Gebäudeteils eine runde Falltür. Darunter ist ein kleiner Keller. Er führt direkt zum Wasser. Brannte es, brauchte man seine Wertsachen nur durch diese Bodenluke zu werfen – und schon waren sie in Sicherheit.

Das Halsband des Lambert von Oer

In Lüdinghausen soll es einmal neun Wasserburgen gegeben haben. Drei sind noch erhalten: Lüdinghausen, Vischering und Kakesbeck. Vischering ist nicht nur die schönste. In ihrem Museum gibt es auch viel zu sehen. Am interessantesten ist ein eisernes Halsband. Es hat mit einem gewissen Lambert von Oer zu tun. Dieser Ritter war um 1500 Burgherr auf Kakesbeck. Einmal hatte er eine Witwe betrogen. Dafür wurde der Herr von Oer später auf offener Landstraße überfallen, vom Pferd gezerrt und gefangen genommen. Dann legte man ihm ein schweres Halsband um: Es wog zweieinhalb Kilo und war innen mit eisernen Dornen besetzt. Erst einem Schmied in Münster gelang es, ihn von dem schmerzhaften »Halsschmuck« zu befreien.

Burgen-Steckbrief

Burgentyp: Wasserburg, Ringmauerburg
Lage: Lüdinghausen im Münsterland
Erste urkundliche Erwähnung: 1271
Heute: Baudenkmal und Museum
Sehenswert: gesamte Anlage, Museum
Besonderheit: schönste Wasserburg des Münsterlandes

Burg Vischering

WARTBURG

Wart' Berg, du sollst mir eine Burg werden.« Das soll Ludwig der Springer 1067 begeistert ausgerufen haben. Soeben hatte er den 400 Meter hohen Felsen im Thüringer Wald erblickt. Leider gehörte der Berg aber nicht ihm. Da ließ der schlaue Graf von seinem Besitz Erde herbeitragen und auf dem Felsen verteilen. Zwölf Ritter stießen ihre Schwerter in den Boden. Sie bezeugten, dass dieses Land dem Springer gehöre. So begann Ludwig auf »eigenem« Grund und Boden zu bauen. Mehr als hundert Jahre vergingen. Aus der hölzernen Burg wurde eine steinerne. Sie stellte schon bald all die anderen Burgen in der Umgebung in den Schatten. Und die Ludowinger wurden zum mächtigsten Herrschaftsgeschlecht weit und breit.

Wettstreit der Minnesänger

Die Wartburg strahlte ihre Bedeutsamkeit schon von weitem aus. In ihrem prachtvollen Palas gingen die bekanntesten Dichter und Minnesänger ein und aus. 1206 sollen sich sechs der berühmtesten zu einem Wettstreit zusammengefunden haben. Fünf Sänger sangen ein Loblied auf ihren Gastgeber. Nur einer pries seinen eigenen Herrn. Daraufhin wurde er zum Verlierer erklärt. Der schlechteste Vortrag sollte mit dem Tode bestraft werden. Die mitleidige Landesherrin Sophie verhinderte, dass dies tatsächlich geschah.

Burgen-Steckbrief

Burgentyp: Höhenburg
Lage: westlicher Thüringer Wald
Länge: 180 Meter
Erste urkundliche Erwähnung: 1080
Heute: Denkmal und Museum von internationalem Rang
Sehenswert: Palas mit Rittersaal, Landgrafenzimmer, Festsaal, Lutherstube, Südturm, Innenhöfe
Besonderheit: gehört seit 1999 als erste deutsche Burg zum Weltkulturerbe der Menschheit

Eine neue Zeit

1247 erlosch das Geschlecht der Ludowinger. Die Bedeutung der Burg als herrschaftlicher Hauptsitz nahm ab. Aber gerade jetzt wurde diese Burg weltberühmt: 1521 war der Reformator Martin Luther von der Obrigkeit für »vogelfrei« erklärt worden.

Martin Luther und der berühmte Wurf mit dem Tintenfass.

Tarnname: Junker »Jörg«

Kurfürst Friedrich der Weise ließ Luther zu seinem Schutz auf die Wartburg bringen. Als Junker »Jörg« getarnt, übersetzte er hier das Neue Testament aus dem Griechischen ins Deutsche. Damit förderte Luther die Herausbildung einer neuhochdeutschen Schriftsprache. Noch 1520 waren neunzig Prozent aller Bücher in lateinischer Sprache verfasst.

Luther und der Teufel

In seinem Zimmer soll Luther der Teufel erschienen sein. Wütend warf er mit seinem Tintenfass nach ihm. Es zerschellte an der Wand und hinterließ einen großen Fleck. Der wurde von Generationen von Burgwarten immer wieder nachgebessert. Rußflecken vom einstigen Kamin mögen ein Anlass für diese Legende gewesen sein. Vor allem aber trug die Vorstellung dazu bei, Luther habe mit seinem Wort, mit seiner Tinte, also mit seiner Schrift den Teufel bekämpft.

Im Sängersaal der Wartburg fand der Wettstreit der Minnesänger statt.

Glossar

Alchemie: Jahrhundertelang hatten früher Menschen versucht auf chemischem Wege unedle Metalle in Gold zu verwandeln und ein Mittel für die Unsterblichkeit oder die ewige Jugend zu finden. Das waren die Alchemisten.

Bergfried: Hoher und stark befestigter Hauptturm einer Burg. Er diente der Verteidigung und als letzte Zufluchtsstätte der Burgbewohner. Sein Eingang befand sich meist im ersten Stock. Zudem war er ein wichtiges Machtsymbol.

Blide: Bliden waren riesige Steinschleudern, mit denen die Angreifer bis zu 90 kg schwere Steine gegen die Burg schossen.

Fehde: Bewaffnete Selbsthilfe, um im Mittelalter Rechtsansprüche durchzusetzen. Selbst Beleidigungen wurden oft in Fehden geahndet. Fehden gab es nicht nur zwischen Einzelpersonen, sondern auch zwischen Sippen und Familien, Städten und Territorien.

Folter: Das Hervorrufen körperlicher Qualen, um vor Gericht Geständnisse zu erzwingen.

Fürsten: Oberschicht des Adels. Aus den Reihen der Fürsten kam der König, an dessen Wahl sie maßgeblich beteiligt waren.

Ganerbenburg: Ein Ganerbe ist jemand, der mit anderen zusammen Anteil an einer Erbschaft hatte, die nur gemeinsam genutzt werden konnte. Eine Ganerbenburg befindet sich also immer im Besitz mehrerer Eigentümer.

Kemenaten: Das waren die Zimmer der Frauen. Der Name stammt von den Kaminen in diesen Räumen. Die Kemenate war einer der wenigen Räume einer Burg, der geheizt wurde.

Kreuzzug: Im Mittelalter unternommener Kriegszug christlicher Ritter (Kreuzritter) in den Vorderen Orient, um das Heilige Grab von Jesus Christus von islamischer Herrschaft zu befreien.

Lehen: Grundbesitz, den ein Lehnsherr (z. B. ein König oder Fürst) einem Lehnsmann (meist ein Adliger oder reicher Herr) verliehen hat, um sich dessen persönliche Dienste zu sichern. Die Lehnsmänner (Vasallen) mussten ihrem Dienstherrn Treue schwören.

Minnesänger: Höfische Dichter und Sänger des hohen Mittelalters. Ihre Lieder handelten häufig von Helden und deren Abenteuern, aber auch von der Liebe. Und die »Liebe« hieß im Mittelalter »Minne«.

Palas: Hauptgebäude einer Burg. Der Palas diente nicht nur als Wohnstätte des Burgherrn und seiner Familie. Er wurde auch als repräsentativer Bau für Feste und Empfänge genutzt.

Raubritter: Verarmte Ritter, die bei ihrem Dienstherrn in Ungnade gefallen waren oder aus anderen Gründen ihr Land verloren hatten. Sie lebten von Raub und Plünderungen. Der Begriff stammt allerdings erst aus der Neuzeit.

Ritter: Ein Adeliger, der das Kriegshandwerk erlernte und der in einer feierlichen Zeremonie (Ritterschlag) zum Ritter ernannt wurde. Die Ausbildung zum Ritter begann gewöhnlich schon mit sieben Jahren. Ihre Stationen waren: Page, Knappe, Ritter.

Rittersaal: Der größte Raum einer Burg. Hier pflegte der Burgherr Gericht zu halten, hier wurden wichtige Besucher empfangen, hier wurde getafelt und gefeiert.

Turnier: Ritterliche Kampf- und Reiterspiele. Sie wurden nach festen Regeln ausgetragen. Die beliebteste Kampfart war der Tjost, bei dem zwei Ritter in voller Rüstung aufeinander zuritten und versuchten sich mit ihrer Lanze aus dem Sattel zu stoßen.

Urfehde: So wurde einst im deutschsprachigen Raum der Eid genannt, mit dem alle aus dem Gefängnis Entlassenen schworen sich für die erlittene Haft nicht zu rächen.

Zinnen: Meist rechteckige Aufmauerungen auf der Burgmauer oder auf dem Burgturm. Durch die Lücken schossen die Soldaten ihre Pfeile ab.

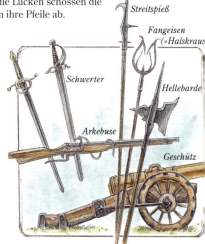

Abenteuerreise in die Welt der Römer

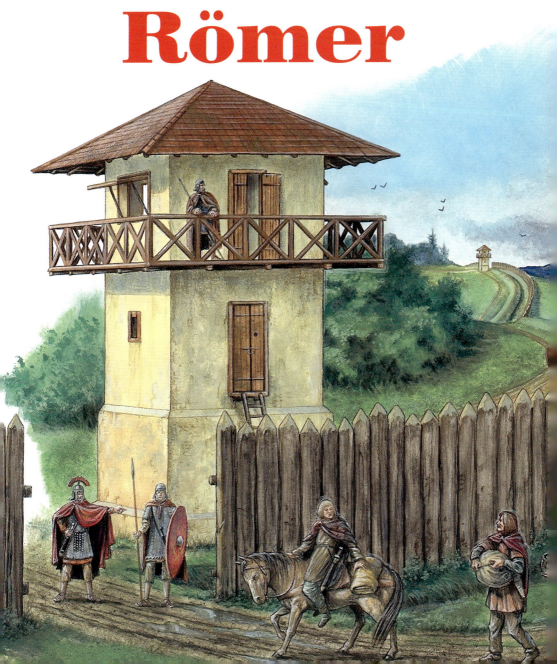

Die Spuren der alten Römer

»Salve!«, sagten die alten Römer, wenn sie einen Freund begrüßten. »Vale!«, riefen sie ihm zum Abschied nach. *Salve* und *vale* sind lateinische Begriffe. Sie bedeuten »Guten Tag« und »Auf Wiedersehen«. Ob die Römer auch »Salve!« gerufen haben, als sie andere Länder besetzten? Und »Vale!«, als sie wieder abziehen mussten? Wohl kaum!

Die Römer waren einst das mächtigste Volk in Europa. Ihren Namen leiteten sie von dem ihrer Stadt Rom ab. Sie wurde im achten Jahrhundert vor Christus gegründet und entwickelte sich zur größten Stadt der antiken Welt. Rom liegt im heutigen Italien.

Die Römer beherrschten große Teile der damals bekannten Welt. Auf dem Gebiet des Römischen Reiches befinden sich heute rund 30 unabhängige Staaten.

Auch in unser Land drangen die Römer ein. Germania wurde es von ihnen genannt. Das war vor über 2000 Jahren. Aber die meisten germanischen Stämme wehrten sich heftig. Nur zum Teil gelang es den Römern, ganz Germania zu besiegen. Später bauten sie einen gewaltigen Grenzwall, den Limes. Er trennte das Gebiet der Römer von dem der Germanen. Seine Überreste sind heute beliebte Ausflugsziele.

Aber an unsere römische Vergangenheit erinnert noch sehr viel mehr: Brücken und Arenen, Tempel und Thermen, Mosaike und Münzen, Schiffswracks und unzählige verschüttete und ausgegrabene Gebäudereste. Auch unsere Monatsnamen und beliebte Vornamen wie Julia, Oliver, Markus, Claudia oder Felix haben wir den Römern zu verdanken. Nicht zu vergessen unseren Sternenhimmel mit römischen Götternamen wie Mars oder Venus.

Auch die wichtigste Sprache der Römer – Latein – hat unser Deutsch geprägt. Das zeigt sich in alltäglichen Wörtern wie *Socken, Fenster, Radieschen* oder *Wein*. Sie haben einen lateinischen Ursprung. Latein war jahrhundertelang die Sprache der Wissenschaft. Noch heute werden tausende von neuen Begriffen in Forschung und Technik daraus abgeleitet. Viele Schülerinnen und Schüler lernen Latein.

Zu Beginn des zweiten Jahrhunderts nach Christus erlebte das Römische Reich seine größte Ausdehnung. Nun wurde es immer schwieriger, die besiegten Gebiete unter Kontrolle zu halten. Nach und nach brach das riesige Reich auseinander. Im fünften Jahrhundert erlebte es seinen endgültigen Niedergang.

Was die Römer bei uns hinterlassen haben, zeugt von ihrer Lebensweise und Kultur. Faszinierende Relikte aus einer vergangenen Zeit mitten in unserer modernen Welt können wir heute besichtigen. Davon erzählt dieses Buch.

Rainer Crummenerl

So heißt das bei den Römern:

amicus – der Freund
amica – die Freundin
aqua – das Wasser
arena – der Kampfplatz
bonus – gut
castra – das Lager
carpe diem! – nutze den Tag!
domus – das Haus

filius – der Sohn
filia – die Tochter
gaudium – die Freude
homo – der Mensch
laudare – loben
memoria – das Gedächtnis
pons – die Brücke
porta – das Tor

salve – sei gegrüßt
schola – die Schule
servus – der Sklave
terra – die Erde
universum – das Weltall
vale – lebe wohl
via – der Weg
victoria – der Sieg

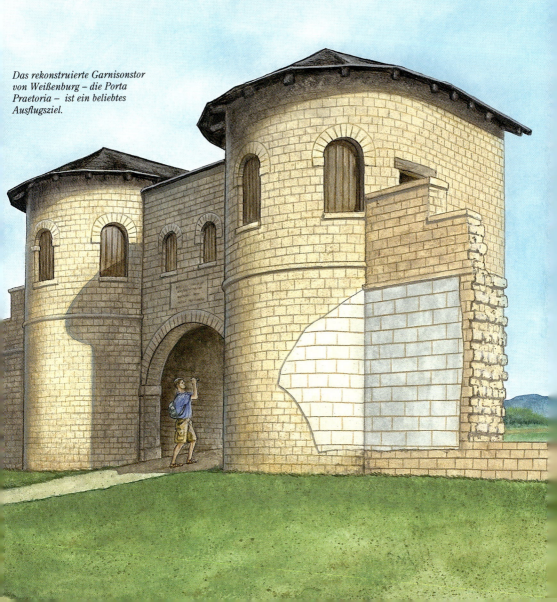

Das rekonstruierte Garnisonstor von Weißenburg – die Porta Praetoria – ist ein beliebtes Ausflugsziel.

Die Schlacht im Teutoburger Wald

Ein gewaltiges Denkmal beherrscht den Teutberg im südlichen Teutoburger Wald. Wer ist da zu sehen? Ein Feldherr, der der Geschichte Germaniens eine neue Wendung gab. Hermann der Cherusker steht auf einem Sockel und erhebt ein sieben Meter langes Schwert. Das Denkmal soll an eine Schlacht erinnern. In ihr vernichteten germanische Stämme drei römische Legionen.

Das Hermannsdenkmal erinnert an die Schlacht im Teutoburger Wald vor 2000 Jahren.

Im Schlachtgetümmel: Germanen gegen Römer

Verdienstvoller Römer

Armin, wie Hermann eigentlich hieß, war ein Fürst des germanischen Stammes der Cherusker. Er erlernte bei den Römern das Kriegshandwerk. Für seine Verdienste wurde er römischer Bürger und Ritter. Im Jahre 7 nach Christus kehrte Arminius, so nannten ihn die Römer, in seine Heimat zurück. Dort verwaltete der römische Statthalter Varus das kurz vorher zur Provinz gewordene Germanien. Arminius hatte sich mit der Unterwerfung durch Rom nicht abgefunden. Er organisierte den Widerstand.

Zu Besuch im Museum

In Kalkriese bei Osnabrück kann man sich direkt am Ort des Geschehens über die neuesten Ergebnisse der Ausgrabungen informieren. In dem neuen Besucherzentrum gibt es auch ein Kindermuseum.

In den Hinterhalt gelockt

Die römischen Truppen befanden sich auf dem Weg ins Innere Germaniens, als Arminius losschlug. Zuvor hatte er die zerstrittenen germanischen Stämme geeint. An einem verregneten Herbsttag des Jahres 9 lockte Arminius die Römer in ein sumpfiges Waldgebiet. Dort wurden sie vernichtend geschlagen. Varus nahm sich noch auf dem Schlachtfeld das Leben. Der Kaiser war verzweifelt. »Varus, gib mir meine Legionen wieder!«, soll Augustus ausgerufen haben. Zum Zeichen der Trauer ließ er Haupt- und Barthaar wachsen.

Der Ort der Varusschlacht

Fand die Varusschlacht wirklich am Hermannsdenkmal statt? Lange war diese Frage umstritten. Neueste Ausgrabungen aber weisen auf den Engpass von Kalkriese am Rand des Wiehengebirges hin. In dem 17 Kilometer langen Fundgebiet wurden zahlreiche Kleidungsstücke, Teile von Ausrüstungsgegenständen und Waffen römischer Legionäre geborgen.

Der Limes

Achtzig Jahre nach der Varusschlacht begannen die Römer östlich des Rheins Schneisen in die damals noch sehr dichten Wälder zu schlagen. Sie markierten so ihr erobertes Gebiet und gaben ihm eine sichtbare Grenze.

Zäune, Gräben, Türme

Limes nannten die Römer diese Grenze. Anfangs bestand sie nur aus Wegen oder Waldschneisen. Es folgten Wachtürme aus Erde und Holz. Sie ragten in einem durchschnittlichen Abstand von 800 Metern auf. Gleichzeitig wuchs ein Zaun aus oben angespitzten Baumstämmen. Dahinter befanden sich ein tiefer Graben und ein hoher Erdwall. Später ersetzten steinerne Bauten die Holztürme.

Kastelle im Hinterland

548 Kilometer war der Limes lang. Er reichte vom Rhein nördlich von Andernach bis Eining bei Regensburg an der Donau. In seinem Hinterland errichteten die Römer etwa alle 10 km rund 60 kleinere Befestigungen. Die Soldaten dieser Kastelle sollten einfallende Germanentrupps abwehren. Wurde es wirklich gefährlich, griffen die am Rhein stationierten Legionen ein.

Zu Besuch im Museum
Der Limes ist das größte Bodendenkmal Europas. In Baden-Württemberg, Bayern, Hessen und im Rheinland sind zahlreiche Wachtürme wieder aufgebaut worden. Das größte deutsche Römermuseum ist das Limesmuseum Aalen.

Galerie für die Wächter

Etwa 900 Wachtürme standen am Limes. Sie waren bis zu 10 m hoch und dreigeschossig. Über dem Erdgeschoss befand sich das Wohngeschoss. Das Obergeschoss war oft mit einer außen umlaufenden Holzgalerie für den Wachdienst versehen. Die Besatzungen bestanden aus vier bis fünf Soldaten. Sie konnten sich mit anderen Türmen und den Kastellen durch Rauchzeichen und Feuer verständigen.

Der steinerne Limesturm in Hillscheid wurde wie andere Limestürme wieder errichtet.

Durchlässige Grenze

Der Limes war keine durchgängig geschlossene Grenze. An mehreren Stellen gab es Tore. Sie durften nur bei Tag passiert werden. Soldaten regelten an Zollstellen Handel und Verkehr. Über die Tore kam ein reger Warenaustausch mit den benachbarten Germanenstämmen zustande. Die Römer waren interessiert an Bernstein, Pelzwerk und Sklaven, die Germanen hingegen an römischen Waren wie Wein oder Textilien.

Römerkastell Saalburg

An den Hängen des Taunus, umgeben von dichtem Wald, verbirgt sich ein altes militärisches Lager. Es ist das römische Kastell Saalburg. Dort waren Soldaten untergebracht, die einen Limesabschnitt zu bewachen hatten. Als Besatzung für die Kastelle warb man vor allem einheimische Hilfstruppen an. Später wurden aus einigen Kastellen Städte und Dörfer. Sie bestehen teilweise heute noch.

Eng bebaut

Die meisten römischen Kastelle ähnelten sich. Sie waren rechteckig, hatten vier Tore und manche auch Ecktürme. Der Bereich innerhalb der Wehrmauern war eng bebaut. In der Lagermitte stand das Stabsgebäude, die Befehlszentrale des Kommandanten. Um diese Bauten herum waren Krankenlazarette sowie Werkstätten angeordnet. Mannschaftsbaracken, Versorgungsspeicher und Ställe umringten in rechtwinkliger Anordnung die Führungsgebäude.

Der Nachmittag war frei

Ein Hornsignal weckte die Soldaten vor Sonnenaufgang. Nach der Morgenmeldung wurde zum Dienst eingeteilt. Wer nicht an den Waffen- und Gefechtsübungen teilnahm, war mit Wachen, Außendienst oder in den Werkstätten beschäftigt. Am Nachmittag hatten die wachfreien Soldaten Freizeit. Dann mussten sie ihr Essen zubereiten und ihre Ausrüstung pflegen. Auch das Badehaus außerhalb des Kastells war äußerst beliebt. Nach Einbruch der Dunkelheit verkündete ein Hornsignal den Zapfenstreich: Alle Mann zurück ins Quartier!

Lager für 600 Soldaten

Die Saalburg entstand um 100 nach Christus als kleines Kastell. Später beherbergte die ausgebaute Anlage 600 Fußsoldaten und Reiter. Vor den Toren des Kastells befand sich der »vicus«, ein Dorf mit 1500 Einwohnern. In ihm lebten Handwerker, Händler und die Familien der Soldaten. Die im dritten Jahrhundert aufgegebene Saalburg wurde Ende des 19. Jahrhunderts ausgegraben und wieder aufgebaut. Heute ist sie das weltweit einzige wieder errichtete Römerkastell.

Die verschiedenen Gebäude des Römerkastells Saalburg waren symmetrisch angeordnet.

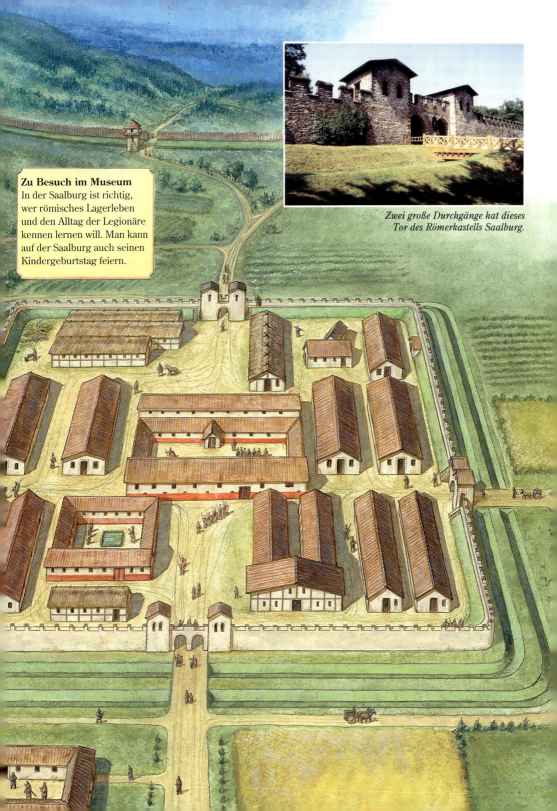

Zu Besuch im Museum
In der Saalburg ist richtig, wer römisches Lagerleben und den Alltag der Legionäre kennen lernen will. Man kann auf der Saalburg auch seinen Kindergeburtstag feiern.

Zwei große Durchgänge hat dieses Tor des Römerkastells Saalburg.

Legionslager Regensburg

Das größte Kastell war das Legionslager. Eines der größten entstand im zweiten Jahrhundert an der Donau. Es war so groß wie 33 Fußballplätze. Um dieses Lager zogen die Römer eine 540 lange und 450 m breite Mauer. Sie war 8 m hoch. Teile von Roms stärkster Festung in Süddeutschland sind mitten in Regensburg zu sehen.

Eine schlagkräftige Armee

»Castra Regina« hieß dieses Legionslager, das bedeutet »Lager an der Regenmündung«. Dort waren rund 6000 Soldaten untergebracht. Sie bildeten eine Legion, die größte militärische Einheit der Römer. Jede Legion bestand aus mehreren Kohorten zu 800 und 480 Mann. Diese unterteilten sich in Zenturien. Kleinste Einheit war das acht Mann zählende Contubernium. Die Römer besaßen 25 bis 35 Legionen. Sie hatten die am besten organisierte Armee der antiken Welt.

Schützender Schildkrötenpanzer

Die meisten römischen Legionäre waren »Fußvolk«. Aber es gab auch berittene Soldaten. Sie sollten vor allem die Flanken der Truppe schützen. Die Schlachten wurden meist auf offenem Feld ausgetragen. Die Legionäre kämpften mit Wurfspießen und kurzen Schwertern. Sie trugen Helme, Kettenpanzer und rechteckige Schilde. Gegen Beschuss von oben schützte sich eine Soldatengruppe mit dicht aneinander und über ihre Köpfe gehaltenen Schilden. Dann bildete sie den berühmten Schildkrötenpanzer.

Peitschenhiebe für Ungehorsame

Die Legionen bestanden aus Freiwilligen. Legionär konnten aber nur römische Bürger werden. Auch Sklaven waren nicht würdig Waffen zu tragen. Hilfstruppen, die »auxilia«, ergänzten die Legionen. Sie wurden meist von

> **Zu Besuch im Museum**
> 160 m der Mauer des Legionslagers sowie Teile seines Nordtors Porta Praetoria sind in Regensburg erhalten. Das Tor mit Turm gilt neben der Porta Nigra in Trier als der größte noch erhaltene römische Hochbau in Deutschland.

Alltag im Legionslager

unterworfenen Völkern gestellt. Germanen schätzte man als Kundschafter und Leibgarde des Kaisers, Syrer als Bogenschützen, Gallier als Reiter. Ungehorsam wurde mit Peitschenhieben bestraft. Die Dienstzeit betrug 25 Jahre.

Legionäre bilden eine »testudo« (Schildkröte).

Die Porta Praetoria in Regensburg zeugt von der römischen Vergangenheit der Stadt.

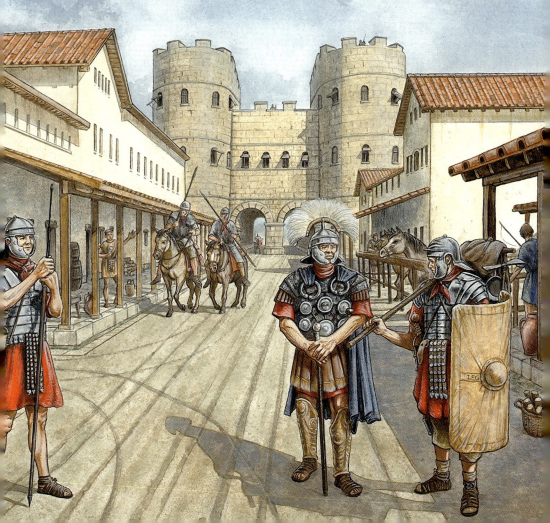

Die Heerstraße nach Süddeutschland

Was verbindet Augsburg mit Füssen, Landeck oder Meran? Die Größe, die Schönheit, die Lage? Vielleicht. Ganz bestimmt aber die Via Claudia Augusta. Sie band einst den süddeutschen Raum an Norditalien. Die Heerstraße wurde am Ende des Jahres 46 eingeweiht. Sie führte von Altino an der Adria über Bozen, Meran, Landeck, Landsberg und Augsburg nach Donauwörth an der Donau.

Zu Besuch im Museum
Nördlich von Füssen und Lechbruck im Ostallgäu ist die Via Claudia Augusta als Damm zu sehen. Tief eingeschnittene Fahrrillen einer römischen Geleisestrasse sind in Klais (Bayerische Alpen) erhalten. Das Römisch-Germanische Museum Köln zeigt einen rekonstruierten Reisewagen der Römer.

Straßen für die Legionen

Die Kaiserstraße erstreckte sich über etwa 517 Kilometer. Sie war Teil des riesigen römischen Fernstraßennetzes. Es besaß eine große militärische Bedeutung. Ohne gut ausgebaute Straßen hätten die Römer ihre Legionen nie so rasch bewegen können. An den Fernstraßen gab es Wechselstationen für die Pferde, Raststätten und Polizeiwachen. Meilensteine informierten über Entfernungen. Die Birota, ein einachsiger Reisewagen, schaffte an einem Tag bis zu 80 Kilometer. Eilkuriere kamen auf über 200 Kilometer. Die meisten Reisenden jedoch gingen zu Fuß.

Römer auf Reisen

Spielend gereist

Die römischen Straßenbauer liebten schnurgerade Straßen. Dafür schlugen sie Felsen weg, durchquerten sie Sümpfe auf Bohlendämmen, bauten sie Tunnel und Brücken. Antike Fernstraßen sind noch heute als gewölbte Kiesdämme zu erkennen. Sie wurden auf einem Steinfundament errichtet und waren sieben bis neun Meter breit. Der weiche Schotter machte das Reisen über Land angenehmer als Fahrten auf gepflasterten Stadtstraßen. Kaiser Claudius ließ sogar Würfelbretter in seinen Wagen einbauen. So konnte er sich die Reise spielend verkürzen.

Spaziergang auf der Via Claudia

Viele Überreste der Via Claudia Augusta gibt es noch. Mitunter finden sie sich auch in heutigen Stadtbildern wieder. Sehr gut erhalten war die Via Claudia Augusta im Voralpenland, nördlich von Füssen. Heute dehnt sich hier ein großer Stausee. Jedes Jahr im Winter aber, wenn der Wasserstand des Forggensees sinkt, steigt der Schotterdamm der Römerstraße unaufhaltsam aus dem Wasser. Dann kann man für einige Zeit auf der Via Claudia Augusta spazieren gehen.

Bei Niedrigwasser kommt im Forggensee bei Füssen der römische Schotterdamm zum Vorschein.

Mit dem Römerschiff zur Nordsee

Römer an der Nordsee? Ja, die gab es. Denn im Jahre 12 vor Christus segelte der berühmte Feldherr Drusus über den Rhein bis an die Küste. Über 1000 Schiffe hatte er bauen lassen. Die Römer verfolgten einen ehrgeizigen Plan. Sie wollten ihr Reich bis zur Elbe ausdehnen.

Der Schatz in der Baugrube

1981 wurden in einer Mainzer Baugrube fünf römische Schiffe entdeckt. Der Fundort liegt etwa 70 Meter vom gegenwärtigen Flussbett des Rheins entfernt. An dieser Stelle befand sich einst ein römischer Hafen. Bis zur Entdeckung der Schiffe fuhren tonnenschwere Baufahrzeuge über die Schiffsrümpfe hinweg. Sie richteten großen Schaden an. Dennoch konnte eines der Schiffe komplett gehoben werden. Von den anderen wurden nur Teile geborgen.

Transporter und Patrouillenboot

Die Römerschiffe von Mainz waren Kriegsschiffe. Sie sind im vierten Jahrhundert nach Christus aus frisch geschlagenen Eichen gebaut worden. Das ergab eine Untersuchung der Holzplanken. Vier der Schiffe waren lang und schlank. Sie hatten einen Mast und 15 Ruderpaare. Wahrscheinlich dienten sie als Mannschaftstransporter. Das andere Schiff hatte einen gedrungenen Rumpf. Es könnte zur Überwachung der Rheingrenze eingesetzt worden sein – während ihrer Herrschaft kontrollierten die Römer mit ihren Schiffen den Rhein und damit die Grenze zum freien Germanien.

In die Ems eingedrungen

Aus ähnlichen, zum großen Teil aber größeren Schiffen bestand die Flotte des Drusus, als sie 12 vor Christus in die Ems eindrang. Dort kam es zu einer Schlacht mit dem germanischen Stamm der Brukterer. Die Römer blieben siegreich. Wenige Jahre später stieß auch der Feldherr Germanicus mit einer gewaltigen Flotte bis zur Ems vor. Ein schwerer Sturm vernichtete während der letzten Rückreise viele seiner Schiffe.

Schiff des Germanicus im Sturm

*Volle Kraft voraus!
Ein Römerschiff auf dem Rhein.*

Das römische Ruderboot mit Segel ist in Mainz ausgestellt.

Zu Besuch im Museum
Die in Mainz ausgegrabenen römischen Schiffe sind im Museum für Antike Schifffahrt der Stadt ausgestellt. Originalgetreue Nachbauten zeigen die Schiffsbaukunst der Römer.

Römerbrücken in Trier und Mainz

Wir kennen die Römer als hervorragende Baumeister. Sie errichteten auch stabile Brücken und die waren besonders wichtig. Wie sonst hätten die Römer ihr weitläufiges Straßennetz zusammenhalten können! Noch heute versehen in Europa rund 300 Römerbrücken ihren Dienst. Im Zweiten Weltkrieg trugen manche von ihnen sogar das Gewicht von Panzern.

Holzpfahl erhalten

Brücken bauten die Römer auch in Trier. Die jüngste Römerbrücke über die Mosel gibt es noch immer. Sie wird als wichtige Verbindungsstrecke zu den westlichen Stadtteilen genutzt. Dabei ist das fast 400 Meter lange Bauwerk schon über 1800 Jahre alt. Es ersetzte eine frühere Holzbrücke. Von dieser ist ein mächtiger, unten zugespitzter und dort mit einem Eisen verstärkter Holzpfahl erhalten. So konnte man ihn leichter in den Flussgrund einrammen.

Pfeiler als Eisbrecher

Die steinerne Römerbrücke in Trier hat sieben Pfeiler. Fünf davon stammen noch aus römischer Zeit. Sie ruhen auf dem felsigen Untergrund der Mosel. Der gemauerte Kern der Brückenpfeiler ist mit Blöcken aus Basaltlava verblendet. Eisenklammern festigen den Mauerverbund. Stromaufwärts sind die Pfeiler spitz. Hier dienen sie als Eisbrecher.

> **Zu Besuch im Museum**
> Die steinerne Römerbrücke in Trier kann man nicht nur besichtigen, sondern auch benutzen. Im Landesmuseum Trier sind Überreste der ersten beiden Römerbrücken ausgestellt.

Brücke in Flammen

Noch größer war die römische Rheinbrücke in Mainz. Das 600 Meter lange Bauwerk hatte 21 Steinpfeiler. Jeder von ihnen saß auf mächtigen, in den Flussgrund gerammten Eichenpfählen. Die Brücke wurde mehrmals zerstört. Als man sie 813 nach zehnjähriger Bauzeit wieder hergerichtet hatte, vernichtete ein Brand alle ihre Holzteile. Angeblich hatten die brotlos gewordenen Fährleute das Feuer gelegt.

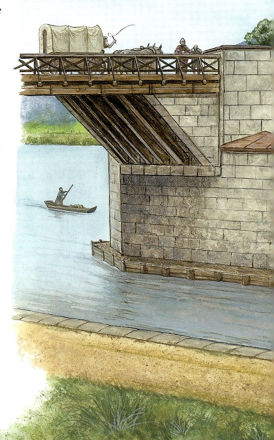

In Mainz bauten die Römer eine Brücke über den Rhein.

Die Römerbrücke in Trier ist die älteste noch verkehrstüchtige Brücke nördlich der Alpen. Sie gehört zum UNESCO-Weltkulturerbe.

Im Jahre 813 wurde die Mainzer Rheinbrücke ein Raub der Flammen.

Die Römerstadt von Xanten

Eine Stadt ohne Rathaus, Kirche, Stadthalle, Schwimmbad und Stadion ist für uns keine richtige Stadt. Ähnlich dachten schon die alten Römer. Und so gehörten zum Bauprogramm ihrer Städte Forum (Marktplatz), Tempel, Theater, Amphitheater, öffentliche Bäder, Geschäfte und Gaststätten.

Lebendige Stadt

Eine typisch römische Stadt war Colonia Ulpia Traiana, kurz CUT genannt. Sie wurde um 100 nach Christus am Rhein gegründet. Bis zu 15 000 Menschen lebten hier. Die meisten waren zu Römern gewordene Germanen und Gallier sowie ehemalige Soldaten. Sie arbeiteten als Kaufleute, Handwerker, Künstler oder Beamte. Die CUT war eine bunte, lebendige Stadt. Sie hatte große Tempel, ein Forum, ein Amphitheater mit 10 000 Sitzplätzen, eine Herberge und öffentliche Bäder. Ein hallenförmiges Gebäude, die Basilika, diente als Gericht, Rathaus und Versammlungsort.

Überdachte Gehwege

Colonia Ulpia Traiana war symmetrisch angelegt. Das rechtwinklige Straßennetz gliederte die Stadt in regelmäßige Blöcke. Die langen, rechteckigen Häuser standen dicht nebeneinander. Zur Straße hin befanden sich das Ladenlokal oder die Werkstatt, die Wohnräume lagen hinten. Viele Gehwege waren überdacht. Die CUT verfügte über ein Abwassernetz – diese Errungenschaft war neu in Germanien. Die Kanäle verliefen unter den Straßen. So gelangten die Abwässer in den Hafen.

Zu Besuch im Museum
Im Archäologischen Park Xanten kann man Reste der ehemaligen Römerstadt Colonia Ulpia Traiana besichtigen. Auch Kempten im Allgäu hat einen sehenswerten archäologischen Park. Er entstand auf der Römerstadt Cambodunum.

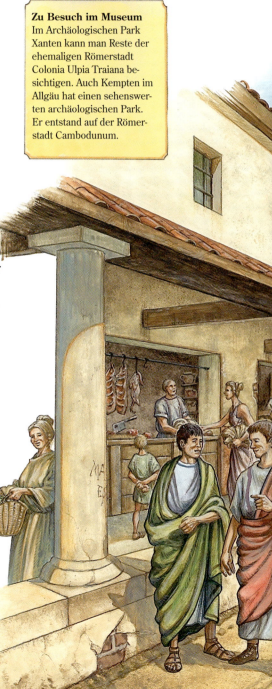

Fundamente unter Äckern

Im dritten Jahrhundert wurde Colonia Ulpia Traiana zur Festung ausgebaut. Später entstand aus ihren Steinen die mittelalterliche Siedlung Xanten. Glücklicherweise wurde die CUT als einzige römische Stadt nördlich der Alpen später kaum überbaut. Deshalb blieben ihre Fundamente unter Äckern und Wiesen erhalten. Einige von ihnen sind ausgegraben worden. Sie bilden heute den Archäologischen Park Xanten.

Im Archäologischen Park Xanten erstreckte sich einst die Römerstadt Colonia Ulpia Traiana mit dem großen Amphitheater.

Lebendiges Stadtleben in Colonia Ulpia Traiana

Die Palastvilla von Bad Kreuznach

Mehr als 1000 Jahre bevor über Bad Kreuznach die Kauzenburg thronte, entstand zu Füßen des Kauzenberges ein Herrenhaus. Es gehört zu den größten im römischen Deutschland. Allein das Erdgeschoss zählte über 50 prachtvoll ausgestattete Räume. Heute ist mehr als nur ein Teil des Grundrisses der Palastvilla erhalten.

Teppiche aus Stein

1893 wurde im Villengebiet zufällig ein 58 Quadratmeter großes Fußbodenmosaik entdeckt. Es zeigt Szenen aus Gladiatorenkämpfen. 1966 kam bei Grabungsarbeiten ein weiteres prächtiges Mosaik zum Vorschein. Das Oceanus-Mosaik ist 68 Quadratmeter groß. Es stellt neben dem Kopf des Meeresgottes Neptun verschiedene Meerestiere, Schiffe, Boote und Gebäude dar.

Die Kunst der Mosaikenleger

Mosaike sind Steinbilder. Sie bestehen aus hunderttausenden winzigen Steinchen, Glasplättchen oder gebrannten Tonstückchen. Tesserae heißen die Mosaiksteinchen. Sie werden nach einem genauen Plan in eine feuchte Mörtelschicht gedrückt. Das erfordert viel Können und Fingerspitzengefühl. Große Figurenbilder wurden vermutlich in der Werkstatt des Mosaikmeisters hergestellt und später eingesetzt. Die kunstvollen Bilder der römischen Mosaikenleger wirkten außerordentlich lebensecht.

Der Schatz in der Rübengrube

Die meisten aller in Deutschland gefundenen Mosaiken stammen aus dem Raum Trier. Es sind etwa 180 Bildflächen. Auf eines der größten Mosaike aber stieß 1852 ein Bauer aus Nennig im Saarland beim Ausheben einer Rübengrube. Es zierte einst den Festsaal einer römischen Prunkvilla und setzt sich aus etwa drei Millionen Steinchen zusammen. Der antike Fußboden zeigt neben geometrischen Mustern Szenen aus der Arena: »Bärenhatz«, »Peitschenkämpfer«, »Gladiatoren« und weitere.

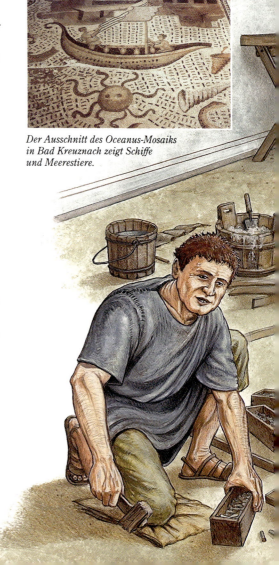

Der Ausschnitt des Oceanus-Mosaiks in Bad Kreuznach zeigt Schiffe und Meerestiere.

Zu Besuch im Museum
In der Römerhalle von Bad Kreuznach sind die beiden restaurierten Mosaikböden der römischen Villa ausgestellt. Auch der antike Mosaikboden von Nennig kann in einem kleinen Museum besichtigt werden.

Die Wohnhäuser von Schwarzenacker

Die Wohnung war sehr vornehm eingerichtet. Sie gehörte einem Augenarzt. Er lebte im antiken Schwarzenacker. 276 nach Christus zerstörten Germanen seine Siedlung. Übrig blieben schwarze Äcker. Als später in ihnen Scherben gefunden wurden, begannen Grabungen. Das Haus des Augenarztes wurde zuerst entdeckt. Seitdem wissen wir ein bisschen mehr darüber, wie die Römer wohnten.

Mietshäuser, Wohnhäuser, Villen

Die meisten Städter lebten in mehrstöckigen Mietshäusern, den Insulae. Wer reich war, besaß die Domus, ein herrschaftliches Wohnhaus. Sehr begüterte Römer leisteten sich noch eine Villa. Sie lag inmitten ausgedehnter Landgüter und war eine Freizeitwohnung. Die Besitzer von Gutshöfen im römischen Deutschland allerdings hatten ihren Lebensmittelpunkt auf ihrem Gutshof.

Römische Hochhäuser

Die Insulae waren die »Hochhäuser« der römischen Großstädte. Sie hatten bis zu sieben Stockwerke. Im Erdgeschoss befanden sich Geschäfte, darüber lagen die Wohnungen der Mieter. Am größten und schönsten waren sie im ersten Stock, am kleinsten und schlechtesten unter dem Dach. Weil es in den meisten Wohnungen keine Toiletten gab, benutzte man Foricae, öffentliche Latrinen. »Geld stinkt nicht«, befand ein römischer Kaiser und erhob eine »Urin-Steuer«.

Ein herrschaftliches Wohnhaus:

1 Vestibulum (Haupteingang)
2 Atrium (mit Impluvium: Regenbecken)
3 Culina (Küche)
4 Tablinum (Arbeitszimmer)
5 Lararium (Hausaltar)
6 Triclinium (Esszimmer)
7 Peristylum (Säulenumgang mit großem Garten)
8 Euripus (Wasserbecken)
9 Wohn- und Schlafräume
10 Überdachter Gehweg
11 Läden

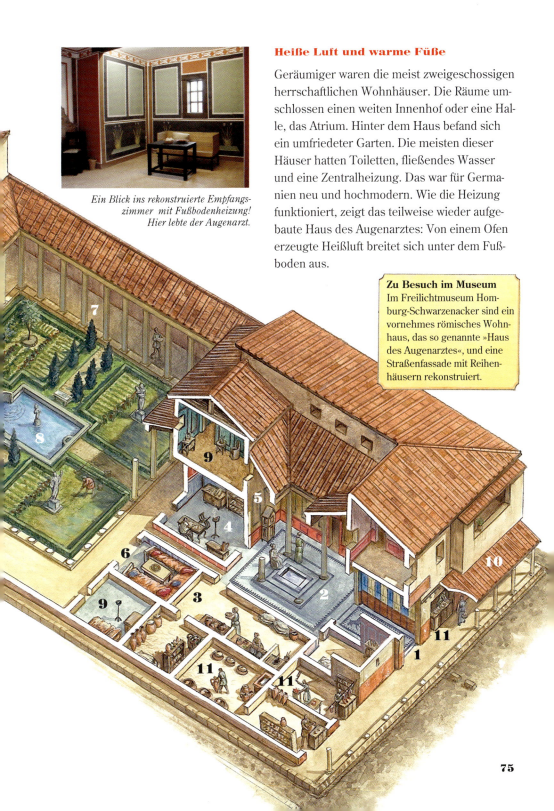

Ein Blick ins rekonstruierte Empfangszimmer mit Fußbodenheizung! Hier lebte der Augenarzt.

Heiße Luft und warme Füße

Geräumiger waren die meist zweigeschossigen herrschaftlichen Wohnhäuser. Die Räume umschlossen einen weiten Innenhof oder eine Halle, das Atrium. Hinter dem Haus befand sich ein umfriedeter Garten. Die meisten dieser Häuser hatten Toiletten, fließendes Wasser und eine Zentralheizung. Das war für Germanien neu und hochmodern. Wie die Heizung funktioniert, zeigt das teilweise wieder aufgebaute Haus des Augenarztes: Von einem Ofen erzeugte Heißluft breitet sich unter dem Fußboden aus.

Zu Besuch im Museum
Im Freilichtmuseum Homburg-Schwarzenacker sind ein vornehmes römisches Wohnhaus, das so genannte »Haus des Augenarztes«, und eine Straßenfassade mit Reihenhäusern rekonstruiert.

Ein Römerkanal für Köln

Köln war schon immer eine große Stadt. Bereits vor 2000 Jahren hatte sie über 15 000 Einwohner. Der Name Köln geht zurück auf die Römer, die die bestehende Siedlung 50 nach Christus zur »Colonia« erhoben. Zu einer richtigen Stadt gehörte für die Römer eine ordentliche Versorgung mit Trinkwasser. Woher sollten sie es sich in der von ihnen gewohnten Qualität beschaffen?

Quellwasser aus der Eifel

Um 80 nach Christus starteten die Römer den Bau einer Wasserleitung. Der Römerkanal begann in der Eifel und war 95 Kilometer lang. Gewaltige Mengen Quellwasser flossen täglich über eine der längsten Wasserleitungen des gesamten Römischen Reiches nach Köln. Dort gelangte es in öffentliche Brunnen und Thermen, auch in private Häuser. Die gesamte Anlage funktionierte 190 Jahre lang. Im späten dritten Jahrhundert wurde sie zerstört.

Klug ausgetüftelt!

Der Römerkanal ist ein Meisterstück antiker Baukunst. Die gesamte Strecke floss das Wasser im freien Gefälle über Berg und Tal, durch Wiesen und Wälder. Damit es stets ausreichenden Schwung behielt, durfte die Leitung nicht zu steil und nicht zu flach verlaufen. So errechneten die römischen Baumeister ein durchschnittliches Gefälle von 0,5 Promille – das ist auf 1000 Meter Entfernung ein Höhenunterschied von lediglich einem halben Meter.

Wasser über Brückenwege

Die Leitung bestand aus gebranntem Kalk, Sand, Steinen und Wasser. Sie verlief hauptsächlich unterirdisch. Aber auch einige große Hochbauten, wie man sie sonst als römische Aquädukte bei anderen antiken Fernwasserleitungen antrifft, gab es. Am auffälligsten war die 1400 Meter lange hohe Bogenbrücke bei Rheinbach. Sie hatte 295 Bögen. Eine kleinere Bogenbrücke überquerte ein Tal bei Vussem. Von ihr wurde ein Teilstück wieder aufgebaut.

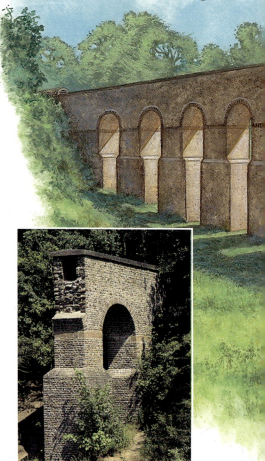

Ein Rest des römischen Aquädukts steht noch heute bei Vussem.

Abdeckstein

Wasser

Wasserleitung führte durch den oberen Teil des Aquädukts.

Zu Besuch im Museum
Entlang der Wasserleitung gibt es einen Wanderweg. Der Römerkanalwanderweg ist rund 100 Kilometer lang und mit 75 Schautafeln ausgestattet. Er kann auch mit dem Fahrrad gefahren werden.

Landarbeit im Schatten des Aquädukts

Das Amphitheater von Trier

Endlich ist er da, der lang ersehnte Tag! Tausende Menschen – Frauen und Männer, Jung und Alt – strömen zum östlichen Stadtrand. Sie plaudern und tragen ihre besten Kleider. Fahnenträger mit Schriftbändern haben sie auf das bevorstehende Ereignis hingewiesen: Gladiatorenkämpfe. Eröffnet werden sie mit dem glanzvollen Einzug der Beteiligten in die Arena. Doch das Ende wird blutig sein.

Arena für 20 000 Zuschauer

Die Arena – das ist das Amphitheater von Trier. Es wurde 100 vor Christus erbaut. Amphitheater (griechisch: amphi = um ... herum) sind Theaterbauten unter freiem Himmel. Sie waren im Römischen Reich Schauplatz für Gladiatoren- und Tierkämpfe. Das ovale Amphitheater in Trier liegt am Fuße eines Berges. Es hatte 26 Sitzreihen und bot 20 000 Zuschauern Platz. Im Keller unter der Arena befanden sich neben einer Hebebühne auch die Räume der Kämpfer und die Käfige für die wilden Tiere.

Die römische Arena in Trier ist heute Spielstätte der Antikenfestspiele.

Auf Leben und Tod

Das grausige Treiben beginnt. Gladiatoren, Schwertkämpfer also, schlagen mit scharfen Waffen aufeinander ein. Viele der Männer sind Kriegsgefangene und Sklaven. Manchmal kämpften sie sogar um ihr Leben. Oft aber konnte sich ein verletzter Gladiator doch noch retten. Dann gestand er mit erhobenem Zeigefinger seine Niederlage ein. Der Schiedsrichter unterbrach den Kampf. Die Zuschauer entschieden durch Daumenzeichen über Leben und Tod des Kämpfers.

Gespannt verfolgen die Zuschauer die Kämpfe der Gladiatoren.

Wagenrennen im Circus

Auch gegen wilde Tiere traten die Gladiatoren an. Zu ihrer Verteidigung hatten sie den linken Arm dick gepolstert. Als Waffen benutzten sie vor allem Lanzen und Speere. Noch beliebter waren die Wagenrennen. Sie fanden im Circus statt, einer offenen, lang gestreckten Anlage. Die Rennen waren schnell und gefährlich. Hohe Wetteinsätze und Preisgelder machten sie noch spannender. Auch das römische Trier hatte einen Circus. Er lag am östlichen Stadtrand.

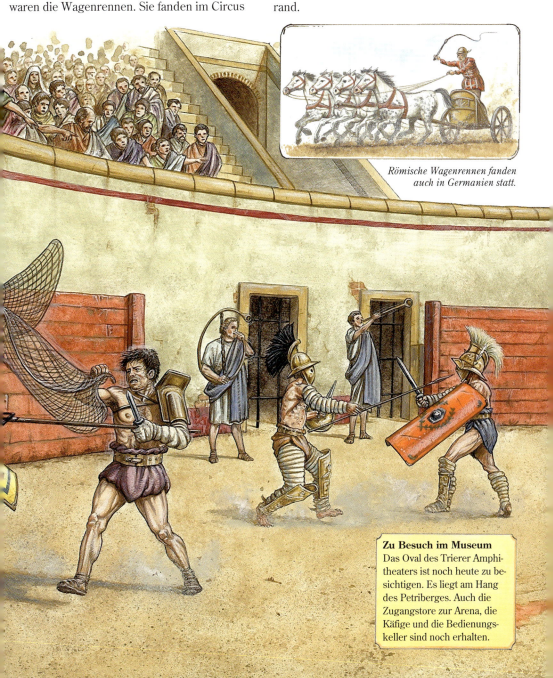

Römische Wagenrennen fanden auch in Germanien statt.

Zu Besuch im Museum
Das Oval des Trierer Amphitheaters ist noch heute zu besichtigen. Es liegt am Hang des Petriberges. Auch die Zugangstore zur Arena, die Käfige und die Bedienungskeller sind noch erhalten.

Die Thermen von Weißenburg

Der römische Philosoph Seneca konnte nicht fassen, was er täglich zu hören bekam: »Von allen Seiten umgibt mich Getöse aller Art ... Hier trainieren Kraftprotze und schwingen ihre mit Blei beschwerten Hände. Während sie sich abmühen oder jedenfalls so tun, höre ich ihr Stöhnen, sobald sie den Atem, den sie angehalten haben, wieder ausstoßen. Dort treffe ich auf einen Faulpelz ..., und da höre ich dann das Klatschen der Hand, die auf die Schultern schlägt ...«

Urlaub in den Thermen

Diese und andere Geräusche vernahm Seneca. Sie kamen aus einer Badeanlage. Die Thermen befanden sich in Baiae bei Neapel. Sie waren die größten und wohl auch die schönsten der Antike. Thermen gab es also auch anderswo. Sie gehörten zur römischen Lebensart. In den Thermen konnte man baden, in die Sauna gehen, sich massieren lassen, Sport treiben, oft auch schwimmen, sogar essen und trinken. Thermen waren die Wellness-Hotels der Antike.

Große Bäderanlage ausgegraben

Römische Thermen gibt es auch in Deutschland. Eine der größten Anlagen wurde 1977 im bayrischen Weißenburg bei Bauarbeiten entdeckt. Weißenburg hieß einst Biriciana und war ein römisches Kastell. Zunächst glaubte man auf ein kleines Militärbad gestoßen zu sein. Doch die Ausgrabungen ließen schon bald die Grundmauern einer gut erhaltenen, 65 Meter langen Bäderanlage erkennen. Sie wurde freigelegt und bekam ein zeltartiges Schutzdach. Seit 1985 kann sie besucht werden.

Der Rundgang begann im Kaltbad

Die Weißenburger Thermen bestehen aus einem Gymnastikhof mit Säulenumgang, einer Sporthalle und den Baderäumen. Der Rundgang des römischen Badegastes begann im Kaltbad, führte über das »tepidarium«, einen

Die Thermen von Weißenburg locken viele Besucher.

lauwarmen Raum, zum Warmbad und erreichte nach dem Schwitzbad wieder ein Kaltbad. Die Heizungsanlage war sehr modern: Von einem Ofen erwärmte Luft wurde unter Fußböden und durch hohle Zimmerwände geleitet. Männer und Frauen badeten nackt und in der Öffentlichkeit meist getrennt.

Zum Beheizen der Thermen leiteten die Römer heiße Luft durch Wände und Böden.

Zu Besuch im Museum
Neben den Thermen in Weißenburg sind u. a. auch die Überreste der Kaiserthermen in Trier und die Badeanlage des Kastells von Zülpich mit dem gut erkennbaren Hohlfußboden einen Besuch wert.

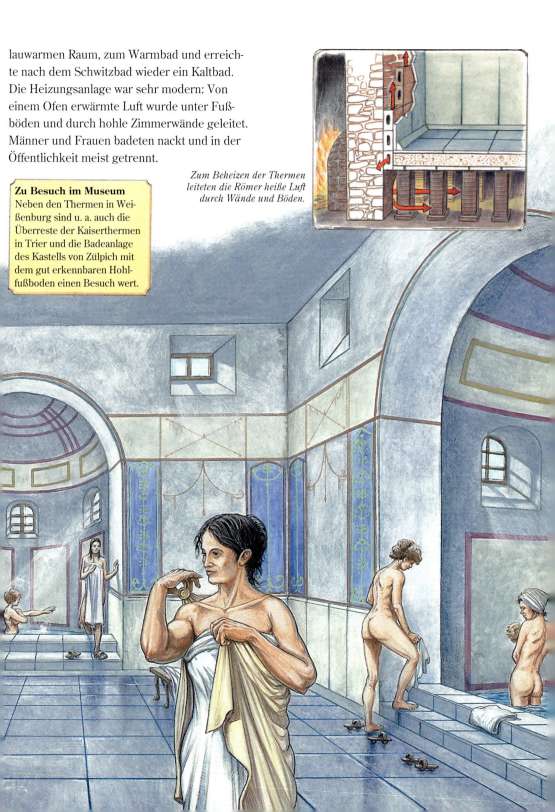

Das römische Theater von Mainz

Im Sommer des Jahres 9 vor Christus stürzte der römische Feldherr Drusus auf dem Rückweg von der Elbe an den Rhein vom Pferd und brach sich ein Bein. 30 Tage später starb er. Der berühmte Heerführer erhielt bei Mainz nicht nur ein Ehrengrabmal. Jahr für Jahr fanden in unmittelbarer Nähe Gedenkfeiern für Drusus statt. Die Frage war nur, wo genau.

Schüler als Grabungshelfer

1884 stieß man bei Gleisarbeiten im Mainzer Süden auf Mauerwerksreste von über 100 Meter Länge. Sie störten und wurden abgerissen. Erst 30 Jahre später keimte die Idee, hier könnte ein römisches Bühnentheater gestanden haben. Nachgrabungen bestätigten diese Vermutung. Die Weltkriege verhinderten weitere Forschungsarbeiten. Das Theater geriet fast in Vergessenheit – bis 1999, als sich über tausend freiwillige Helfer und 25 Schulklassen in die Erde buddelten. Sie legten einen Theaterabschnitt in Form eines Tortenstücks frei.

Tragödien und Komödien

Das römische Bühnentheater von Mainz gilt als das größte nördlich der Alpen. Seine Bühne war 42 Meter lang und von einer halbkreisförmigen Tribüne umgeben. Die 10 000 Zuschauer erreichten über unterirdische Gänge, Rampen und Treppen ihren Sitzplatzbereich. Die letzte Sitzreihe war 30 Meter hoch. Gespielt wurden Tragödien und Komödien. Am beliebtesten aber waren volkstümliche Lustspiele. Ihr Vergnügen oder Missfallen drückten die Zuschauer durch Rufe, Klatschen, Pfiffe oder Zischen aus.

Vom Volk geliebt

Die Schauspieler traten meist mit großen Masken auf. So konnte man sie aus der Entfernung gut wieder erkennen. Nur Männer waren Schauspieler. Sie übernahmen auch die Frauenrollen. Anders als heute genossen in römischer Zeit die Mimen wenig Ansehen. Häufig verglich man sie mit unehrenhaft entlassenen Soldaten, Dieben und Betrügern. Deshalb setzten sich viele Schauspielertruppen aus Sklaven und Freigelassenen zusammen. Und doch wurden die Schauspieler vom Volk geliebt.

Die Fundstätte des römischen Bühnentheaters von Mainz liegt an der Bahnstrecke.

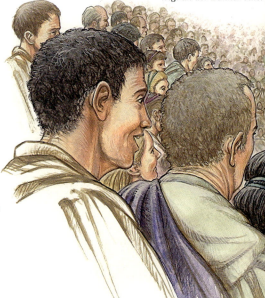

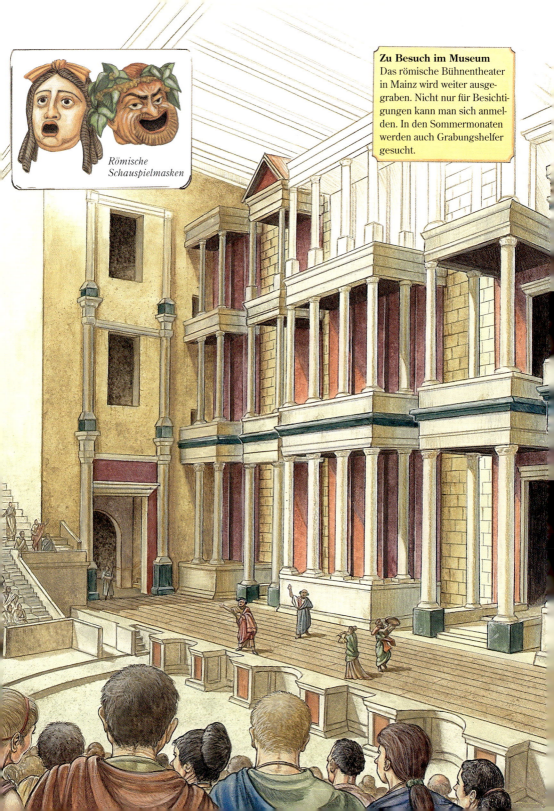

Römische Schauspielmasken

Zu Besuch im Museum
Das römische Bühnentheater in Mainz wird weiter ausgegraben. Nicht nur für Besichtigungen kann man sich anmelden. In den Sommermonaten werden auch Grabungshelfer gesucht.

Die Porta Nigra von Trier

Trier ist nicht nur die älteste Stadt Deutschlands. Früher genoss sie sogar den Ruf einer Weltstadt: Im vierten Jahrhundert war Trier neben Rom, Alexandria und Konstantinopel eine der vier Metropolen des Römischen Reiches. Die einstige Provinzhauptstadt hatte sich zu einem Kaisersitz entwickelt.

Gewaltige Stadtbefestigung

In der zweiten Hälfte des zweiten Jahrhunderts wurde Trier befestigt. Die Stadt erhielt eine sechs Meter hohe, von Wehrtürmen und vier Toren unterbrochene Mauer. Nur das älteste, das nördliche Stadttor ist erhalten geblieben. Porta Nigra (Schwarzes Tor) wird es genannt, weil Verwitterung, Ruß und Staub die Steine im Laufe der Zeit schwarz werden ließen. Es gibt nicht mehr viele noch ähnlich gewaltige Stadttore.

Ohne Mörtel gebaut

Die palastartige Porta Nigra ist fast 30 Meter hoch. Sie besteht aus einem Mittelbau mit einem Doppeltor, der von zwei Türmen flankiert wird. Die Sandsteinquader stammen aus dem nahe gelegenen Kylltal. Sie wurden von mühlengetriebenen Bronzesägen zurechtgeschnitten. Die römischen Baumeister türmten die Steine ohne Mörtel aufeinander. In Blei ausgegossene Eisenklammern und das Gewicht der nächsten Quaderlage hielten sie zusammen.

Der eingemauerte Mönch

Bis heute gilt die Porta Nigra als das Wahrzeichen des römischen Deutschland. Das verdankt sie einem griechischen Mönch. Simeon ließ sich 1028 im Ostturm des Tores einmauern. Nur eine winzige Öffnung blieb. Durch sie wurde er mit Lebensmitteln versorgt. Ohne jemanden zu sehen oder zu sprechen, lebte Simeon bis zu seinem Tod 1035. Dann sprach ihn der Papst heilig. Simeon zu Ehren wurden in das Tor zwei Kirchen eingebaut. Sie verhinderten, dass Steinräuber es abtrugen.

Zur Römerzeit erstrahlte die Porta Nigra noch in hellem Sandstein.

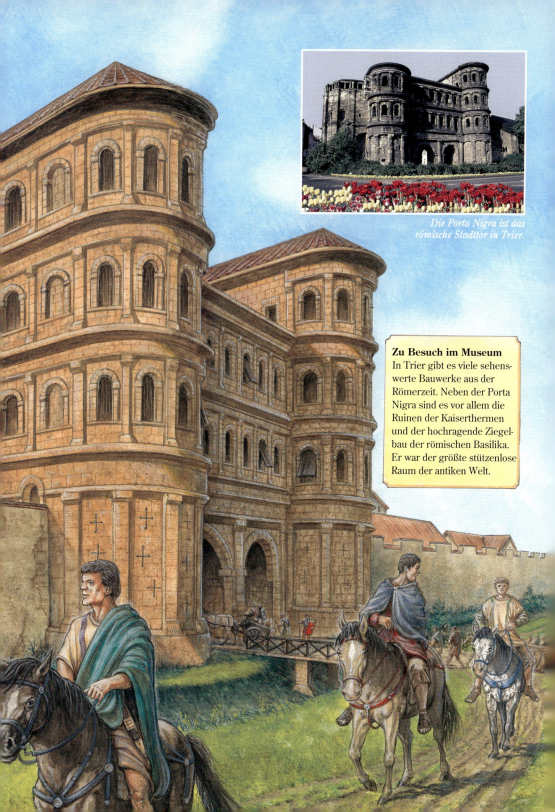

Die Porta Nigra ist das römische Stadttor in Trier.

Zu Besuch im Museum
In Trier gibt es viele sehenswerte Bauwerke aus der Römerzeit. Neben der Porta Nigra sind es vor allem die Ruinen der Kaiserthermen und der hochragende Ziegelbau der römischen Basilika. Er war der größte stützenlose Raum der antiken Welt.

Römische Baustellen

Wie konnten die Römer nur solch gewaltige Bauwerke wie Amphitheater, Paläste oder Brücken errichten? Heute ginge so etwas nicht ohne hoch in den Himmel ragende Kräne. Doch auch die Römer hatten schon ähnliche Hilfsmittel. Leider ist keines von ihnen mehr erhalten. Aber einige wurden nachgebaut.

Seltsamer Baukran in Bonn

Auf einer Grünanlage unweit der Bonner Römerstraße steht ein ungewöhnlicher Baukran. Es ist ein Flaschenzug mit fünf Rollen und einem Laufrad. »Zug-Hebemaschine« nannte der römische Architekt Vitruv dieses Baugerät. Er hatte es in der zweiten Hälfte des 1. Jahrhunderts vor Christus beschrieben. Eine Darstellung auf einem alten römischen Grabmal verrät, wie der Kran ausgesehen hat. So konnte man ihn ziemlich genau nachbauen.

Wie ein Hamsterrad

Der Römerkran funktionierte ähnlich wie ein Hamsterrad. Er bestand aus einem über zehn Meter hohen Lastarm und einem Laufrad. Darin liefen fünf Männer. Sie drehten auf diese Weise eine Welle. Das mit der Last verbundene Seil wickelte sich um die seitlich herausragende Radachse. Eine Flaschenzugkonstruktion half, selbst tonnenschwere Lasten mühelos zu heben.

Schwebende Lasten

Ein originalgetreu nachgebauter Baukran steht im Archäologischen Park Xanten. Angetrieben wurde er von vier im Kreis laufenden Männern, die eine Drehvorrichtung mit Speichen in Bewegung setzten. Der Göpelantrieb bewirkte gemeinsam mit zwei Flaschenzügen und einem Wellrad, dass ein Gesteinsblock von einer Tonne Gewicht durchaus von einem Kind aufwärts bewegt werden konnte. Ein steiler oder flacher einstellbarer hölzerner Bock bildet das Gestell des Krans.

> **Zu Besuch im Museum**
> Rekonstruierte römische Tretkräne gibt es u. a. in Bonn und im Limesmuseum Aalen. Ein beliebter »Spielplatz« ist der Römerkran mit Göpelantrieb im Archäologischen Park Xanten.

Der rekonstruierte römische Baukran vor dem Amphitheater im Archäologischen Park Xanten konnte wahrscheinlich Lasten bis zu neun Tonnen bewegen.

Römische Bauarbeiter bei der Arbeit

Das Landgut von Möckenlohe

In Möckenlohe, einem kleinen Ort im Altmühltal, machte man einen sensationellen Fund. 1986 wurden dort die Grundmauern einer »villa rustica« ausgegraben. So heißt ein römischer Gutshof. Heute ist sein Hauptgebäude wieder aufgebaut. Früher lebten die Menschen hier vor allem von der Landwirtschaft.

Zu Besuch im Museum
Ein lebendiges Museum ist die »Villa rustica« in Möckenlohe. Besichtigt werden können zahlreiche Fundgegenstände im teilweise wieder aufgebauten Hof. Der Haustierzoo beherbergt Tiere, wie sie zur Römerzeit gehalten wurden. Einige der alten landwirtschaftlichen Geräte werden zum jährlichen Erntedankfest im August in Aktion vorgeführt.

Brot für die Soldaten

Der Gutshof wurde gegen Ende des ersten Jahrhunderts nach Christus errichtet. Er versorgte vor allem die Besatzungstruppen. Die Wohnräume gruppierten sich um einen Innenhof. Sie wurden teilweise von einer Fußbodenheizung erwärmt. Die Fenster waren verglast und durch Gitter geschützt. Unter einem Gebäudeteil befand sich ein Keller. Unterkünfte für Sklaven und Landarbeiter, Ställe, Scheunen, Vorratslager und das Bad vervollständigten den Gutshof. Er wurde verlassen, kurz bevor die Germanen 233 den Limes überrannten.

Römisches Landleben

Hakenpflug und Mähmaschine

Auf den römischen Landgütern nördlich der Alpen wurde vor allem Getreide angebaut. Hauptsächlich waren das Dinkel, Gerste und Einkorn, aber auch Hafer, Roggen und Weizen. Der Boden wurde mit dem Hakenpflug bearbeitet. Langhornrinder zogen ihn. Eine Mähmaschine erleichterte während der Ernte die Arbeit. Die Körner wurden in Öfen zum langsamen Rösten, dem Darren, getrocknet und später in gut durchlüfteten Speicherbauten gelagert.

Die Villa von Möckenlohe wurde auf den ursprünglichen Grundmauern wieder errichtet.

Süß wie Honig

Manche Gutshöfe hielten vor allem Tiere. Am besten schmeckte den Römern Schweinefleisch. Es war teurer als Rindfleisch. Schafe lieferten neben Milch und Fleisch auch Wolle. Ziegen wurden weniger geschätzt. Die Weiden lagen meist in Talauen. Oft wurden die Tiere aber auch im Wald gehalten. Pferde dienten je nach Rasse als Reit-, Zug- und Kutschtier. Auch Gänse, Enten, Hühner, Tauben und Bienen bevölkerten den Hof. Da die Römer keinen Zucker kannten, süßten sie ihre Nahrungsmittel mit Honig.

Tafeln wie die Römer

Für die reichen Römer fing der Abend schon am Nachmittag an. Dann traf man sich nach dem Thermengang zur »cena«, dem Abendessen. Es begann im Sommer gegen 16 Uhr und konnte sich bis in die Nacht hinziehen. In den dunklen Wintermonaten lud man schon für 14 Uhr zur »cena« ein.

Essen im Liegen

Getafelt wurde im Esszimmer, dem »triclinium«. Es hat seinen Namen von drei (»tri«) gepolsterten Klinen, die einen Tisch umgaben. Auf jedem dieser Speisesofas lagen drei Gäste. Sie aßen mit den Fingern, die ihnen von Sklaven gewaschen wurden. Das Essen bestand meist aus drei Gängen. Es begann mit kalten Speisen wie Eiern oder Gemüse. Dann gab es warme Fleischgerichte. Der Nachtisch bestand aus Früchten und Gebäck. Getrunken wurde mit Wasser verdünnter Wein. Zusätze wie in Most verkochte Aschenlauge, Harz, Marmorstaub oder Gips sollten ihn haltbar machen.

In der Küche

Angerichtet wurden die Speisen in der Küche. Sie lag vor allem bei prächtigeren Villen möglichst weit vom Esszimmer entfernt. Denn die speisende Gesellschaft sollte nicht gestört werden. Der Herd war aufgemauert. Er wurde mit Holz oder Holzkohle befeuert. Der Rauch zog durch das offene Fenster ab. Häufig blieb er aber auch in der Küche hängen. An den Holztischen arbeiteten die Küchensklaven. Gekocht wurde in Töpfen aus Ton oder Bronze.

Römischer Schnellimbiss

Eine eigene Küche konnten sich nur wohlhabende Römer leisten. Den Bewohnern der Mietskasernen war es ohnehin verboten,

Zu Besuch im Museum
Augusta Raurica ist ein großes Schweizer Freilichtmuseum. Es befindet sich bei Basel. In der Römerstadt kann man auch ein nachgebautes »Römerhaus« mit Esszimmer und Küche besuchen.

Ein römisches Gastmahl

Feuer zu machen. Sie mussten sich mit einfachen Speisen wie Brot, Getreidebrei oder Salzfisch begnügen. Wer dennoch ein warmes Essen wollte, holte es sich in einer Garküche. Sie hatte einen Herd, einen Arbeitstisch und eine Theke. In ihren Vertiefungen standen von unten beheizte Schüsseln mit warmem Essen.

Im Freilichtmuseum Augusta Raurica ist der am besten erhaltene römische Backofen nördlich der Alpen zu besichtigen.

Die römische Schule bei Wien

Die Kinder sind sehr aufmerksam. Sie hocken auf Holzschemeln und sind in weite Gewänder gehüllt. Auch der Lehrer vor ihnen trägt eine Tunika. Langsam spricht er etwas vor. Die Schüler ritzen es mit einem Griffel in wachsbeschichtete Holztäfelchen.

Sklaven als Lehrer

Die Römer kannten keine Schulpflicht. In reichen Familien unterrichteten Hauslehrer die Kinder. Das waren meist gebildete griechische Sklaven. Später gab es öffentliche Schulen. Jeder zum Lehren fähige Mann durfte sie gründen. Und jeder durfte sie besuchen – wenn er das Schulgeld bezahlen konnte. Kinder aus armen Familien besuchten meist keine Schule. Sie mussten schon früh arbeiten gehen.

Unterricht an der Straße

In der Grundschule lernten Mädchen und Jungen von sieben Jahren an lesen, schreiben und rechnen. Als Klassenzimmer diente meist ein Raum, der zur Straße hin offen war und mit einem Vorhang abgeschirmt wurde. Der Unterricht konnte aber auch in einer Säulenhalle oder direkt an der Straße stattfinden. Der Schultag begann früh bei Tagesanbruch. Er reichte bis in den Nachmittag hinein. Die Schüler mussten oft auswendig lernen. Viele Lehrer waren sehr streng. Häufig gab es Schläge.

Reden muss man können

Für die meisten Kinder war nach vier Jahren die Schulzeit zu Ende. Nur die Jungen reicher Eltern durften weiterlernen. Sie kamen für weitere vier Jahre auf eine höhere Schule. In der Literaturschule wurden sie vor allem in Literatur, Geschichte, Philosophie, Astronomie

Zu Besuch im Museum
Den antiken Alltag erkunden kann man im Freilichtmuseum Petronell-Carnuntum. Es gehört zum Archäologischen Park Carnuntum in der Nähe von Wien und ist aus der ehemaligen römischen Provinzhauptstadt Carnuntum entstanden.

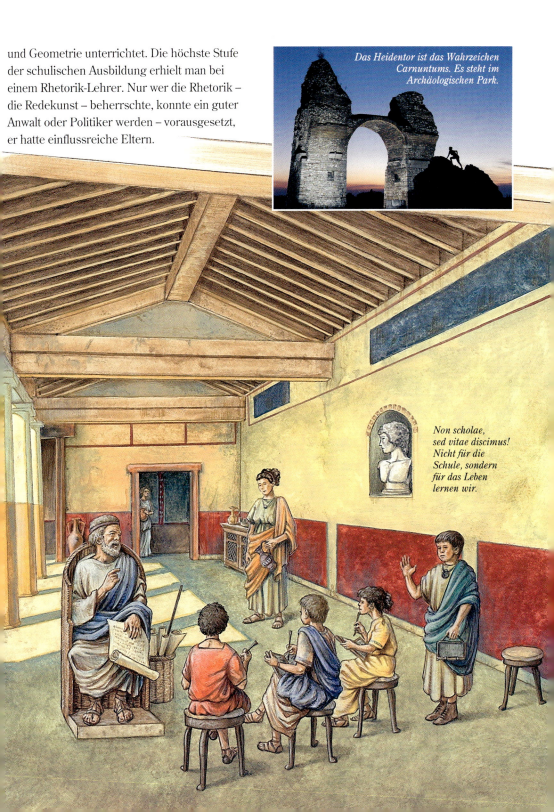

und Geometrie unterrichtet. Die höchste Stufe der schulischen Ausbildung erhielt man bei einem Rhetorik-Lehrer. Nur wer die Rhetorik – die Redekunst – beherrschte, konnte ein guter Anwalt oder Politiker werden – vorausgesetzt, er hatte einflussreiche Eltern.

Das Heidentor ist das Wahrzeichen Carnuntums. Es steht im Archäologischen Park.

Non scholae, sed vitae discimus! Nicht für die Schule, sondern für das Leben lernen wir.

Der Hafentempel von Xanten

Die Römer verehrten nicht nur einen Gott, sondern viele Götter und Göttinnen. Zum Beispiel Apollo und Jupiter, Diana und Venus. Manche hatten sie von den Griechen übernommen und ihnen einen neuen Namen gegeben. So ist Jupiter der griechische Gott Zeus. Die Götter und Göttinnen lenkten und leiteten alle Bereiche des Lebens: Abreise und Ankunft, Feste und Feierlichkeiten, Verträge und Kriege.

Zu Besuch im Museum
Gewaltige Ausmaße hatte der so genannte Hafentempel Xantens. Er ist teilweise wieder errichtet worden. Eine Säule ist farbig. In römischer Zeit war der Tempel bunt bemalt. Welchem Gott er geweiht war, ist unbekannt.

Häuser der Götter

Schon im fünften Jahrhundert vor Christus begannen die Römer Häuser für ihre Gottheiten zu errichten: die Tempel. Jeden Tempel weihten sie einem anderen Gott. Um die Blicke auf sich zu ziehen, errichtete man ihn auf einer Anhöhe. Die meisten Tempel ähnelten sich. Sie hatten an der Vorderseite Säulen. Viele waren auch von Säulenreihen umgeben. Diese Gebäude wirkten besonders prächtig. Überreste eines solchen Tempels hat man im Archäologischen Park Xanten ausgegraben. Er wurde teilweise wieder errichtet. In Xanten vermischten sich römische mit einheimischen, also keltischen und germanischen Gottheiten.

Willkommene Opfertiere

Im Innern eines Tempel stand immer eine Götterstatue. Sie verkörperte den dort wohnenden Gott. Jeder konnte kommen und ihm sein Anliegen vortragen. Mit Opfergaben versuchten die Römer ihren Göttern zu gefallen. Am Tempel wurde vieles abgegeben: Wein, Honig, Früchte, Blumen, Statuetten, Schmuck, vor allem aber Tiere. Die häufigsten Opfertiere waren Schafe, Schweine und Ziegen. Priester führten die Opferhandlungen an Altären außerhalb der Tempel durch.

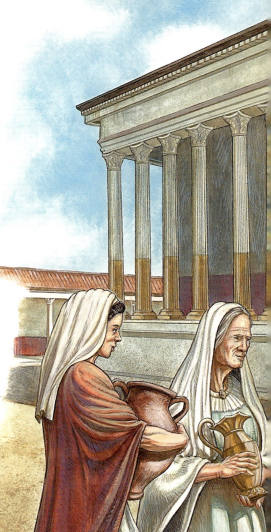

Götter für den Hausgebrauch

Zahlreiche bedeutende und noch mehr unbedeutende Götter kannten die Römer. Jeder war für einen anderen Lebensbereich zuständig. Und fast alle hatten sie ihr eigenes Fest.

Dann fanden Prozessionen und Opfer, oft aber auch sportliche Wettkämpfe, Wagenrennen und szenische Darstellungen statt. Neben den bekannten Gottheiten verehrten die Römer in ihren Häusern Hausgötter.

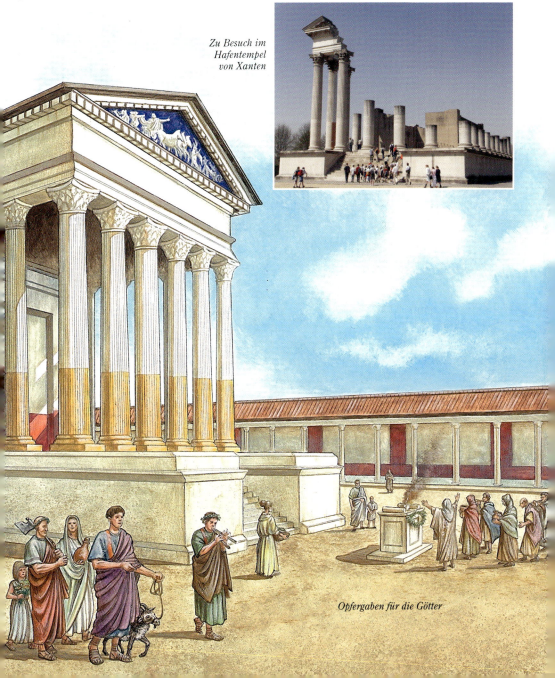

Zu Besuch im Hafentempel von Xanten

Opfergaben für die Götter

Glossar

Amphitheater: Schauplatz für Gladiatoren- und Tierkämpfe. Das Amphitheater war oval gebaut. Stufenweise ansteigende Sitzreihen umschlossen die Arena in der Mitte.

Aquädukt: Künstlich angelegte Wasserleitung aus Stein. Einzelne Abschnitte – Aquäduktbrücken – wurden auf Bogenreihen über ein Tal oder über einen Fluss geführt.

Atrium: Viereckiger Hof, der an jeder Seite von überdachten Säulengängen umschlossen wird.

Basilika: Großes, hallenartiges Gebäude, im Innern durch Säulenreihen gegliedert. Da hier viele Menschen Platz fanden, wurde in solchen Gebäuden Recht gesprochen, sie dienten als Markthallen oder waren die Sporthallen von Thermen.

Circus: Lang gestreckte, von Sitzreihen umrahmte Rennbahn, auf der schnelle und gefährliche Wagenrennen stattfanden.

Domus: Stadthaus einer wohlhabenden römischen Familie. Wichtiger Bestandteil war das Atrium, der Innenhof.

Forum: Großer, öffentlicher Platz im Zentrum der Stadt, der als Marktplatz und Versammlungsort diente.

Gallier: Volksstämme, die hauptsächlich auf dem Gebiet des heutigen Frankreich lebten.

Germanen: Sammelname ursprünglich in Mittel-, Nord- und Osteuropa ansässiger Volksstämme wie Alemannen, Dänen, Franken, Goten, Sachsen, Schweden, Wandalen.

Gladiatoren: Meist Sklaven oder Gefangene, die im Amphitheater gegeneinander oder gegen wilde Tiere zu kämpfen hatten.

Insulae: Mehrstöckige Mietshäuser der Römer, auch ganze Wohnviertel werden so bezeichnet. In den Insulae mit ihren Holzbalken brach oft Feuer aus.

Kastell: Befestigtes, viereckiges Lager mit vier Toren. Die Befestigungsmauern waren in gewissen Abständen mit Türmen versehen.

Legion: Größte römische Armeeeinheit. Jede Legion besaß ungefähr 5500 Soldaten, also Legionäre.

Limes: Fast 550 Kilometer lange römische Grenzbefestigung. Sie sollte die germanischen Stämme abwehren und bestand aus Kastellen, Wachtürmen, Wallanlagen, Zäunen, Mauern und Gräben.

Mosaik: Bild oder Muster, das aus verschiedenfarbigen kleinen Stein-, Ton- oder Glasstückchen zusammengesetzt ist.

Rhetorik: Lehre von der Redekunst.

Römisches Reich: Von der Stadt Rom aus beherrschtes Gebiet, das sich von einer kleinen Siedlung im achten Jahrhundert vor Christus zu einem Weltreich entwickelte und im fünften Jahrhundert nach Christus endete.

Sklave: Mensch, der einem anderen Menschen wie eine Ware gehörte und für diesen arbeiten musste. Sklaven besaßen keine Rechte.

Thermen: Römische Badeanlage, in der man gewöhnlich auch Sport treiben, Gespräche führen, essen und sich entspannen konnte.

Tunika: Aus zwei glatten Stücken Stoff bestehendes Kleidungsstück des römisches Bürgers. Es war an drei Seiten so zusammengenäht, dass weite Öffnungen für Kopf und Arme blieben.

Villa rustica: Römischer Gutshof auf dem Land. Er bestand aus dem Wohngebäude des Besitzers sowie aus Räumlichkeiten und Anlagen, die der Landwirtschaft dienten.

Abenteuerreise Von den Dinosauriern bis zu den Wikingern

AUS DER ERDE ANS TAGESLICHT

Wie sah unsere Erde vor vielen Millionen Jahren aus? Welche Tiere gab es, welche Pflanzen? Und wie lebten die Steinzeitmenschen? All unser heutiges Wissen über Urzeit und Frühgeschichte haben Wissenschaftler aus dem Erdboden herausgelesen. Aus Knochenfunden und Fossilien, d. h. Versteinerungen, erschlossen sie ein lebendiges Bild der verschiedenen Erdzeitalter.

Und so wissen wir von den »schrecklichen Echsen«, den Dinosauriern: Wir sehen den riesigen Barosaurus vor uns, der am liebsten die Baumwipfel abweidete. Wir kennen den kleinen Compsognathus, der nicht mehr als eine Henne wog. Und wir staunen über Tyrannosaurus Rex, den Räuber mit den dolchartigen Zähnen. Vor 65 Millionen Jahren starben die Dinosaurier aus. Doch waren sie bei weitem nicht die einzigen Lebewesen, die unseren Planeten vielfältig und interessant machten.

Der Ichthyosaurier, ein wasserbewohnendes Reptil, war ein schneller Schwimmer. Er tummelte sich mit dem Plesiosaurier und vielen anderen Geschöpfen in einem warmen und seichten Meer. Dieses hatte einst Süddeutschland überspült. Ein seltsamer Vogel war der Archäopteryx, der Urahne aller Vögel. Er konnte besser klettern als fliegen. Ungewöhnlich erscheinen uns auch die Urpferdchen, die nur schäferhundgroßen Vorfahren unserer Pferde. Riesige Saurier, kletternde Vögel, winzige Pferde – welche Wissenschaftler haben ihr Geheimnis entschlüsselt? Zum einen die Paläontologen. Das sind Forscher, die sich mit den ausgestorbenen Lebewesen der Vergangenheit beschäftigen. Sie deuten Fossilien und Knochen.

Dann gibt es noch die Archäologen, die Altertumskundler. Diese Forscher interessieren sich ausschließlich für den Menschen und seine Hinterlassenschaften. Die Arbeit der Archäologen umfasst einen Zeitabschnitt,

der von den Spuren der ersten Menschen vor etwa 2,5 Millionen Jahren bis hin zum Ende des Mittelalters vor wenigen hundert Jahren reicht. Urgeschichte nennt man den größten Teil dieser Zeit. Aus ihr sind keinerlei schriftliche Aufzeichnungen überliefert. Die Urgeschichte endet mit dem Auftreten der ersten Schriftzeugnisse. Sie sind die bevorzugte Quelle der Frühgeschichte.

Auch die Arbeit der Archäologen erfordert sehr viel Geduld und Fingerspitzengefühl. Oft müssen sie ein riesiges Puzzle aus allerkleinsten Fundstücken zusammensetzen. Das Ergebnis können wir später in Museen und Sammlungen besichtigen.

Die Spuren der Vergangenheit lassen sich nicht nur in geschlossenen Museen betrachten. Einige Fundstätten sind mit viel Mühe, Wissen und Phantasie so hergerichtet worden, dass die Forscher sagen: Ja, so könnte es damals ausgesehen haben. Von erstaunlichen Funden, spannenden Museen und Anlagen, in denen die Vergangenheit wieder lebendig wird, berichtet dieses Buch. Es ist eine Reise in die Geschichte der Erde.

Rainer Crummenerl

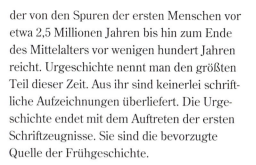

DER VERSTEINERTE WALD VON CHEMNITZ

Weite Wiesen, leuchtende Blumen, duftende Blüten – was uns heute so vertraut ist, gab es vor 250 Millionen Jahren noch nicht auf der Erde. Auch Dinosaurier, Vögel und Säugetiere bevölkerten den Planeten erst später.

Das Erdzeitalter mit Namen Perm begann vor 296 Millionen Jahren und dauerte 55 Millionen Jahre lang.

Wüsten und tropische Paradiese

Und doch zeigte sich das Perm äußerst vielgestaltig. In weiten Gebieten war es warm bis heiß. Es gab flache Meere, Wüsten und Dünen, aber auch grüne Täler, Sümpfe und tropische Paradiese.

Baumfarne und Riesenschachtelhalme wuchsen und erste Nadelwälder dehnten sich aus. Flugentengroße Libellen surrten durch die Luft und zwei Meter lange, gepanzerte Tausendfüßer suchten nach Nahrung. Große und kleine Reptilien entwickelten sich.

Begraben unter der Glutlawine

Ein tropisches Paradies war auch die Gegend um das heutige Chemnitz. Doch ein Vulkanausbruch beendete das üppige Leben jäh. Dies geschah vor 290 Millionen Jahren. Eine Glutlawine wälzte sich östlich von Chemnitz zu Tal. Sie knickte die Baumriesen wie Streichhölzer. Die kleine tropische Oase versank unter einer mächtigen Aschenschicht. Die Ablagerungen der verheerenden Glutwolke bewahrten die Überreste und Spuren einstigen Lebens bis heute.

Schmucke Kieselhölzer

Schon im Mittelalter stieß man in Chemnitz und Umgebung auf versteinerte Bäume aus dem Perm. Später wurden die Kieselhölzer häufig zu Schmuck verarbeitet. 1751 zogen 28 Pferde einen eigens dafür gebauten Wagen mit einem riesigen Kieselholzstamm in den Dresdner Zwinger. Er kam aus Hilberdorf. Der damalige Chemnitzer Vorort ist heute weltberühmt. In seiner Erde liegt ein 290 Millionen Jahre alter Wald aus Stein.

> **Zu Besuch im Museum**
>
> Das Chemnitzer Museum für Naturkunde zeigt in einer Dauerausstellung alles rund um den »Versteinerten Wald«.
> Der Vulkanausbruch ist im Museum hautnah zu erleben.
> Eine Forscherecke lädt zum Mikroskopieren ein.

Landschaft im Perm vor 290 Millionen Jahren

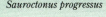

Sauroctonus progressus

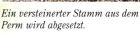

Ein versteinerter Stamm aus dem Perm wird abgesetzt.

Chelydosaurus germanicus

FUNDORT NÜRNBERG:
DER ERSTE DEUTSCHE DINOSAURIER

Eine unglaubliche Entdeckung machte der Arzt Dr. Johann Friedrich Engelhardt im Jahre 1834. In einer Tongrube nordöstlich von Nürnberg stieß er auf 45 Einzelknochen einer bislang unbekannten »Riesenechse«. Stolz stellte er sie der Versammlung Deutscher Naturforscher vor. Später untersuchte der bekannte Wissenschaftler Hermann von Meyer die Knochen. Tatsächlich – sie gehörten dem ersten auf deutschem Boden gefundenen Dinosaurier! Hermann von Meyer taufte ihn »Plateosaurus engelhardti« – »Engelhardts flache Echse«.

Schreckliche Echsen

Zu jener Zeit wusste man nur sehr wenig über diese Tiere der Urzeit. Selbst den Begriff »Dinosaurier« (»Schreckliche Echsen«) gab es damals noch nicht. Er wurde erst 1841 geprägt. Wäre es nach Hermann von Meyer gegangen, hießen die riesenhaften Urzeitreptilien heute »Pachypoda« (»Dickfüßer«). Doch dieser Name wäre weniger treffend gewesen, denn viele der später entdeckten Dinosaurier hatten mehrzehige Füße.

Ein Pflanzenfresser

Plateosaurus lebte in der Triaszeit, also vor mehr als 210 Millionen Jahren. Die Echse war sechs bis acht Meter lang. Sie besaß einen kleinen, flachen Kopf und einen langen Hals. Das vierfüßige Tier konnte sich für kurze Zeit auf seinen großen, starken Hinterbeinen aufrichten. Das war sehr praktisch, denn der Saurier fraß vor allem Blätter, die er mit seinem

Das Skelett des Plateosaurus im Naturhistorischen Museum in Nürnberg zeigt, wie groß diese Tiere waren.

Zu Besuch im Museum

Ein acht Meter langes Skelett des Plateosaurus ist im Naturhistorischen Museum Nürnberg zu sehen. Außerdem gibt es dort einen archäologischen Aktivspielplatz.

kräftigen Maul von den Bäumen abzupfte und unzerkaut schluckte. Zerkleinert wurde die Nahrung erst im Magen mithilfe verschluckter Steinchen, die aneinander rieben. Plateosaurus war wahrscheinlich ein Herdentier.

Der Tod im Schlammloch

Die Knochen des ersten in Deutschland gefundenen Dinosauriers lagern in der Universität Erlangen-Nürnberg. Den Plateosaurus kann man aber auch im Museum kennen lernen – in München, in Nürnberg und anderswo: Der Saurier mit dem flachen Kopf war sehr verbreitet. Seine Skelettreste wurden auch in Baden-Württemberg, Niedersachsen, Thüringen und Sachsen-Anhalt gefunden. Das verlieh ihm die Bezeichnung »Deutscher Lindwurm«. Ein Lindwurm war eigentlich ein Drache aus der Sagenwelt. In Deutschland und in der Schweiz entdeckte Massengräber des Plateosaurus waren vermutlich Schlammlöcher, in denen die Tiere verendet waren.

Plateosaurus, der erste in Deutschland gefundene Saurier, fraß vor allem Blätter.

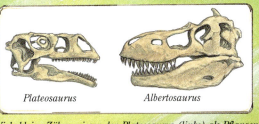

Plateosaurus   Albertosaurus

Viele kleine Zähne wiesen den Plateosaurus (links) als Pflanzenfresser aus. Im Gegensatz dazu besaß der Albertosaurus (rechts) lange und messerscharfe Zähne – ein typisches Zeichen für den Fleisch fressenden Raubsaurier.

Plateosaurus

DIE FISCHSAURIER VON HOLZMADEN

Einst glitzerte im Süden Deutschlands ein flaches, tropisches Meer. Das war vor etwa 180 Millionen Jahren, in der Jurazeit. Damals hatte sich Süddeutschland langsam abgesenkt. Warmes Meerwasser drang ins Land ein. 30 Millionen Jahre später hob sich das Gelände wieder. Das Meer wich nach Süden zurück. Seine Spuren prägen bis heute die Landschaft. Die mächtigen Felsen im Oberen Donautal sind die Überreste ehemaliger Korallenriffe.

Schnelle Räuber

Im warmen Jurameer lebten zahlreiche Tiere. Eindrucksvoll waren die Ichthyosaurier, wasserbewohnende Reptilien. Die größten bekannten Exemplare wurden 18 Meter lang. Ihre Vorfahren waren landlebende Saurier. Die Fischsaurier mussten zum Atmen immer wieder an die Oberfläche. Sie konnten sehr schnell schwimmen. Ihre Nahrung bestand aus Fischen und Tintenfischen. Die Ichthyosaurier brachten ihre Jungen im Wasser zur Welt.

Der Saurier mit dem Schlangenhals

Ein anderer Bewohner des Jurameeres war der Plesiosaurus. Er hatte einen gedrungenen Rumpf und zwei Paar breite Schwimmflossen. Mit ihnen paddelte er wie eine Meeresschildkröte. Der kleine Kopf saß auf einem schlangenartigen Hals. Deshalb heißt diese Meeresechse auch Schlangenhals-Saurier. Sie wurde bis zu fünf Meter lang. Auch die Plesiosaurier lebten von Fischen und Tintenfischen. Mit ihrem langen, beweglichen Hals konnten sie die Beute blitzschnell packen.

Diesen Abdruck hat der Plesiosaurus in den Schieferbrüchen rund um Holzmaden hinterlassen.

Stenosaurus

Plesiosaurus

im Sturzflug

Bewohner der Küsten und Flussdeltas waren die Stenosaurier, die Krokodile des Jurameeres. Ausgewachsene Tiere wagten sich sogar weit auf das offene Meer hinaus. Dort waren auch die Flugsaurier häufig anzutreffen. Die geflügelten Urzeitwesen fingen im Meer Fische. An Land bewegten sie sich auf allen vieren wie die Fledermäuse. Fossile Reste von ihnen und anderen Tieren der Jurazeit finden sich in den Schieferbrüchen rund um Holzmaden am Fuße der Schwäbischen Alb. Im Urweltmuseum Hauff erzählen Fossilien von ihrem Leben.

Zu Besuch im Museum

Das Urwelt-Museum Hauff zeigt die besten Fossilien, die in den vergangenen 100 Jahren rund um Holzmaden gefunden wurden. Lebensgroße Modelle geben Aufschluss über das Leben im Jurameer.

Schlangenhalssaurier (links) und Fischsaurier im Jurameer

Ichthyosaurus

DER ARCHÄOPTERYX VON SOLNHOFEN

Dort, wo heute die südliche Fränkische Alb liegt, erstreckte sich vor 140 Millionen Jahren eine Unterwasserlandschaft mit Lagunen. Sie war von seichteren Schlammbänken umgeben. Schwamm- und Korallenriffe trennten sie vom offenen Meer. Das Klima war heiß und trocken. An Land durchstreiften kleine Dinosaurier die spärlich bewachsenen Inseln. Flugsaurier kreisten in der Luft.

Kein Platz zum Leben

Schlammbänke und ältere, abgestorbene Riffe gliederten die Lagunen in Teilbecken. Diese waren salzig und sauerstoffarm und daher lebensfeindlich. Doch draußen, in den vorgelagerten Riffen, gab es zahlreiche Tierarten: Korallen und Schwämme, Seelilientiere und Muscheln, Krebse und Garnelen, Quallen und Wasserschildkröten, Haie, Rochen und andere Fische. Sturmfluten schwemmten gelegentlich einige von ihnen in die Lagune. Dort gingen sie rasch zu Grunde. Feiner Kalkschlamm überdeckte die Kadaver. Er schützte sie vor Verwesung und Zerstörung.

Halb Vogel, halb Reptil

Aber auch Land- und Luftbewohner wie Archäopteryx kamen in der Lagune ums Leben. Der Name Archäopteryx bedeutet so viel wie »alte Feder«. Dieses seltsame Tier ist eine Zwischenform aus Reptil und Vogel. An den Vogel erinnern unter anderem ein vogeltypischer Knochen im Schultergürtel und die Federn, an das Reptil der knöcherne Schwanz, die Zähne im Maul und die Fingerkrallen an jedem Flügel. War der Urvogel Archäopteryx ein guter Flieger? Einige Forscher vermuten, dass er nur von Felsen oder hohen Bäumen herabflattern konnte. Seine Krallen halfen ihm diese zu erklettern.

Zu Besuch im Museum

Außer dem Urvogel sind im Jura-Museum Eichstätt auch Fossilien riesiger Fische und eines vier Meter langen Krokodils zu besichtigen.
Aquarien mit lebenden Korallenriffbewohnern lassen ahnen, wie es in der Eichstätter Gegend einst ausgesehen hat.
Außerdem zu sehen: seltene Flugsaurier.

Flugsaurier Rhamphorhynch

Fossil des Archäopteryx im Jura-Museum Eichstätt

Im Steinbruch entdeckt

Der Archäopteryx ist weltberühmt. Bisher wurden sieben Exemplare gefunden. Sie stammen alle aus den Kalksteinbrüchen bei Eichstätt und Solnhofen in Bayern. Im Laufe der Zeit hatten sich die Schlammablagerungen der Lagune nämlich in feinkörnigen Kalkstein verwandelt. Das erste versteinerte Urvogel-Skelett entdeckten Solnhofener Steinbrecher 1861. Das schönste wurde 1877 gefunden. Es wird im Berliner Naturkundemuseum aufbewahrt. Das Jura-Museum Eichstätt hat ein echtes Archäopteryx-Fossil ausgestellt.

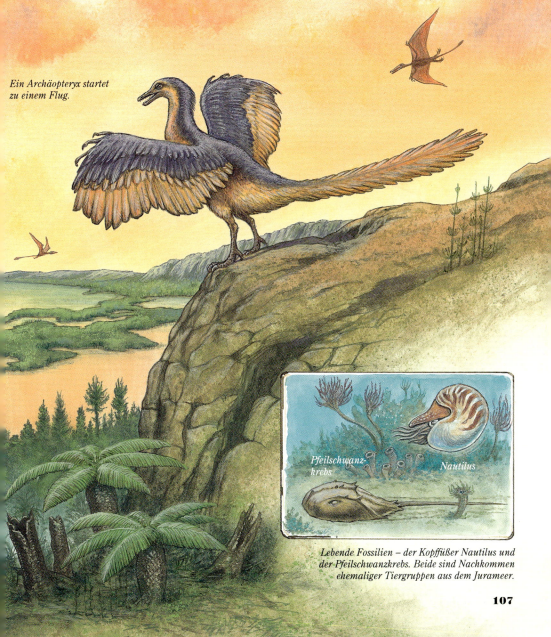

Ein Archäopteryx startet zu einem Flug.

Lebende Fossilien – der Kopffüßer Nautilus und der Pfeilschwanzkrebs. Beide sind Nachkommen ehemaliger Tiergruppen aus dem Jurameer.

DINOSPUREN IN MÜNCHEHAGEN

Das Bild unserer Erde wandelt sich ständig. Vor 130 Millionen Jahren gab es den Urkontinent Pangäa schon lange nicht mehr. Die einst zusammenhängende, gewaltige Landmasse war auseinander gebrochen. Ihre Bruchstücke trieben auf dem zähflüssigen Erdmantel dahin. Das sind unsere Kontinente. Sie hatten noch längst nicht ihre jetzige Position eingenommen.

Eine fremde Welt

Fremd und exotisch wirkte auch das heutige Niedersachsen. Krokodile, Schildkröten und Krebse tummelten sich in seichten Tümpeln, Wasserläufen und Mooren, die den Tieren Schutz und Nahrung boten. Ein riesiger Süßwasser-See bedeckte den nördlichen Teil des Landes. Zahlreiche Flüsse mündeten dort hinein. Sie bildeten Deltas, die ständig ihren Lauf änderten. In dem warmen und feuchten Klima entwickelte sich eine reiche Pflanzenwelt mit Nadelbäumen, Schachtelhalmen und Farnen. Insekten schwirrten in der Luft und große Flugsaurier spähten nach Beute.

Dinospuren freigespült

Auch Dinosaurier waren in dieser Gegend zu Hause. Einzeln oder in Herden durchstreiften sie die Landschaft der frühen Kreide. So nennt man das Erdzeitalter, das von etwa 144 bis 65 Millionen Jahre vor unserer Zeit dauerte. Auf dem Grund von flachen Tümpeln oder im feuchten Sand hinterließen die Dinosaurier ihre Spuren. Später versteinerte der Sand und bewahrte so die Fußabdrücke. Einige von ihnen entdeckten Feuerwehrleute, als sie 1980 bei einer Übung am Ortsrand von Münchehagen unweit des Steinhuder Meeres eine Steinbruchsohle freispülten.

Versteinerte Trittsiegel

Über 250 Saurierfährten gab der Steinbruch frei. Die meisten stammen von erwachsenen Apatosauriern. Diese mächtigen Tiere haben

Über 250 solcher Fußspuren der Dinosaurier sind im Freilichtmuseum Münchehagen erhalten.

Allosaurus

Zu Besuch im Museum

Im Münchehagener Dino-Park kann man Präparatoren beim Freilegen von Dinoknochen aus Gesteinsbrocken zusehen. Mitmach-Aktionen: Fossilien suchen im Sand.

sich auf vier Beinen bewegt und von pflanzlicher Nahrung gelebt. Ihre größten Trittsiegel sind gewaltig: 90 cm lang und 85 cm breit. Auch der Abdruck eines auf zwei Beinen aufrecht laufenden Tieres blieb erhalten. Er gehört einem räuberischen Dinosaurier.

Begegnung mit einem Riesen

Heute schützt nicht nur eine große Glashalle die wichtigsten Fährten vor der Verwitterung. Auch über 150 lebensgroße Dinosaurier sind im Münchehagener Dino-Park ausgestellt. Der Rundweg ist 2,5 Kilometer lang. Er führt durch verschiedene Erdzeitalter. Dabei begegnet man auch einem Tier, das die Erde erzittern ließ. Der Seismosaurus war mit 45 Meter Länge und neun Meter Höhe der größte Dinosaurier aller Zeiten.

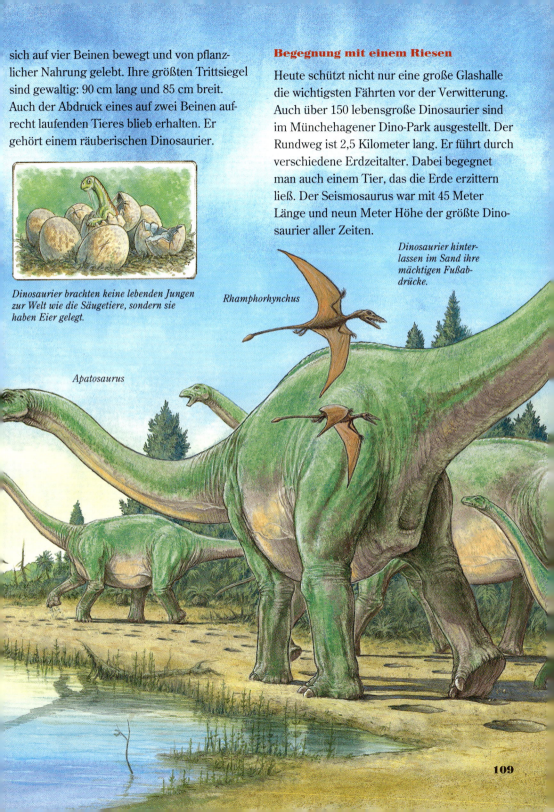

Dinosaurier brachten keine lebenden Jungen zur Welt wie die Säugetiere, sondern sie haben Eier gelegt.

Rhamphorhynchus

Dinosaurier hinterlassen im Sand ihre mächtigen Fußabdrücke.

Apatosaurus

DER SCHATZ VON MESSEL

Unweit von Darmstadt, inmitten eines Waldgebietes, öffnet sich eine Schatzgrube. Sie ist 700 Meter breit, 1000 Meter lang und über 60 Meter tief. Vor 30 Jahren lärmten auf ihrem Grund noch Bagger. Sie löffelten Ölschiefer aus der Tiefe. Nun ist es schon lange wieder ruhig in dem umzäunten Gelände nahe der Ortschaft Messel. Doch ein Wachschutz lässt vermuten, dass die Grube noch immer Schätze birgt.

Als Messel auf der Höhe von Sizilien lag

Die Grube Messel, so heißt der geheimnisvolle Ort, ist ein ehemaliger Ölschiefer-Tagebau. Vor 49 Millionen Jahren gab es hier einen See. Damals hätte Messel auf der Höhe des heutigen Siziliens gelegen. Es war feucht-warm und ein dichter Wald aus Palmen, Lorbeergewächsen, Walnussbäumen und Farnen umgab das kleine Gewässer. Regelmäßig sanken tote Algen auf seinen Grund. Sie bildeten eine weiche Schlammschicht, in die abgestorbene Pflanzen und Tierkadaver eingebettet wurden. Eingespülte Sande und Tone überdeckten und bewahrten sie bis heute.

Skelette mit Haut und Haaren

Viele tausend Funde haben die Wissenschaftler schon aus der Schatzgrube geborgen. Unter ihnen sind nicht nur Pflanzen mitsamt ihren Blüten und Früchten. Auch farbenprächtige Insekten, Knochenfische, Frösche, Schildkröten, Krokodile, Echsen, Schlangen und Vögel wurden ausgegraben. Weltruhm aber erlangte die Grube durch die fossilen Säugetiere. Ihre Skelette blieben vollständig, oft mit Haut und Haaren, erhalten.

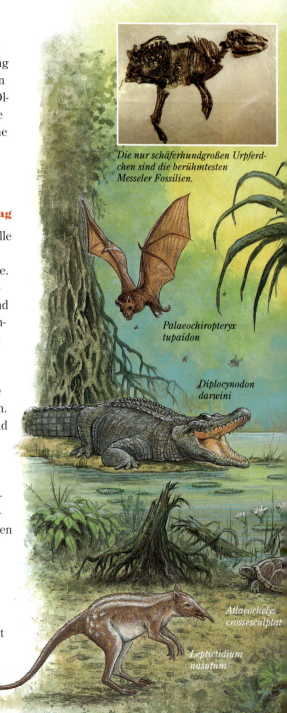

Die nur schäferhundgroßen Urpferdchen sind die berühmtesten Messeler Fossilien.

Palaeochiropteryx tupaidon

Diplocynodon darwini

Allaeochelys crossesculptat

Leptictidium nasutum

Pferde, klein wie Schäferhunde

Rund um den urzeitlichen Messeler See lebten keine großen Säugetiere, immerhin aber Beuteltiere und Insektenfresser, Fischjäger und Fledermäuse, Halbaffen, Ameisenbären, vor allem auch Urpferdchen. Rund 70 der schäferhundgroßen, versteinerten Urahnen unserer heutigen Pferde wurden in Messel geborgen. Einige sind so gut erhalten, dass sogar ihre letzte Mahlzeit nachgewiesen werden konnte: Blätter.

Ein Blick in die Grube

1995 wurde die Grube Messel als Fossilienfundstätte in das Welterbe der Menschheit aufgenommen. Viele ihrer Schätze sind in Museen ausgestellt. Wer möchte, darf von einer Besucherplattform aus einen Blick in die Grube werfen. Vielleicht kann er dann auch Forschern bei ihrer Arbeit zusehen.

Zu Besuch im Museum

Die Messel-Sammlung im Hessischen Landesmuseum Darmstadt umfasst bislang 16 000 Fundstücke. Zu den Prunkstücken gehört neben Urpferdchen und Urtapir auch ein Ameisenbär.

Europalemur koenigswaldi

Rund um den Messeler See

Palaeopython sp.

Eurotamandus jovesi

Propalaeotherium hassiacum (Urpferdchen)

DIE URMENSCHEN VON BILZINGSLEBEN

Es geschah vor rund 370 000 Jahren in einer Gegend, die wir heute Thüringen nennen. Am Rande eines kleinen Sees stehen drei Grashütten. Vor ihnen prasseln Holzkohlefeuer. Ein paar Männer nähern sich. Sie schleppen Fleischbrocken auf ihren Rücken. Diese Männer sind Jäger, die nun mit ihrer Beute heimkehren. Die Frauen holen die Bratspieße hervor. Gleich wird die Gruppe blutige Steaks verzehren.

An der Fundstätte Bilzingsleben wurden fossile Reste des Homo erectus entdeckt.

Der entscheidende Spatenstich

Der kleine See ist längst verschwunden. Spuren des altsteinzeitlichen Lagers aber gibt es noch heute. Entdeckt wurden sie 1969 von einem Professor aus Jena. Der Forscher suchte in einem Steinbruch nahe der kleinen Ortschaft Bilzingsleben fossile Muscheln. Doch er fand nicht nur sie. Einen Spatenstich unterhalb der Muscheln stieß er auf den Fußwurzelknochen eines Waldelefanten. Daneben lagen Werkzeuge aus Feuerstein. Die Suche begann. Und sie ist noch nicht beendet.

Ein aufrechter Mensch

Bis heute sind bei Bilzingsleben zahllose Tierknochen, Werkzeuge aus Stein, Knochen und Holz ans Tageslicht befördert worden. Vor allem aber die fossilen Reste von drei Menschen! Es sind Vertreter der Art Homo erectus, des »aufrechten Menschen«. Der Homo erectus war etwa 1,65 Meter groß. Er hatte einen lang gestreckten Schädel und kräftige Augenwülste. Die Forscher staunen über seine schon beachtlichen Fähigkeiten. Sie sehen in ihm mehr als einen späten Affen.

Werkzeug aus der Steinzeit

Die Siedlung der nordthüringischen Frühmenschen hatte auch einen aufwändig gepflasterten Platz. Mehrere Ambosse aus Quarzgeröllen dienten zur Herstellung von Holz- und Steingeräten. Die Sippe bestand aus 20 bis 30 Menschen. Sie bewohnte das Lager rund 25 Jahre lang. In dieser Zeit verspeisten die Urmenschen hunderte von Tieren – Waldelefanten, Nashörner, Wildpferde. Als Waffen dienten den urzeitlichen Jägern über zwei Meter lange Speere.

> **Zu Besuch im Museum**
>
> Besuch der Fundstelle am »Tag des offenen Denkmals« am zweiten Sonntag im September. Im Landesmuseum für Vorgeschichte Halle/Saale ist die Fundstelle Bilzingsleben nachgebildet.

Altsteinzeitliches Lager nahe Bilzingsleben. Jäger kehren von der Jagd heim.

DAS MAMMUT VON SIEGSDORF

Im Herbst des Jahres 1975 durchstreiften zwei Jungen ein unwegsames Gelände bei Siegsdorf in Bayern. In einem Bachbett entdeckten sie eine riesige Rippe. Eine Mammutrippe? Tage und Wochen buddelten die beiden. Weitere Knochen kamen zum Vorschein. Der Winter beendete ihre geheime Grabung. Erst zehn Jahre später berichteten sie davon. Nun führten Fachleute ihre Arbeit fort. Sie bargen ein fast komplettes Mammut.

Rudi aus der Eiszeit

Heute steht in Siegsdorf ein Museum. Dort hängen die Originalknochen von Rudi an einer Wand. So heißt das Mammut inzwischen nach seinem Fundort im Graben bei Rudhart. In der Saalmitte steht Rudis nachgebildetes Skelett. Es zeigt, wie groß und gewaltig das Tier einst war. Rudi lebte vor etwa 45 000 Jahren. Damals war es sehr kalt im heutigen Deutschland. Es herrschte Eiszeit. Aus den nahen Bergen drangen Gletscher herunter ins Alpenvorland. Wind pfiff über die kahlen Hügel. Es gab keine hohen Bäume.

Im Tümpel ertrunken

Durch diese unwirtliche Landschaft stapfte Rudi, als es passierte. Der Elefant der Eiszeit stieg in einen Tümpel, denn er hatte Durst. Aber der Boden war weich. Das schwere Tier sank ein. Vergeblich versuchte es, dem Schlamm zu entkommen. Rudi geriet in Panik. Doch das verschlimmerte seine Situation. Bald waren die Kräfte des mächtigen Tieres aufgebraucht. Langsam versank Rudi im Wasser.

Am Naturkundemuseum in Siegsdorf trifft man auf ein lebensgroßes Mammut. Es wurde naturgetreu nachgebildet.

Jäger versuchen mit Stoßlanzen ein Mammut zu erlegen.

> **Zu Besuch im Museum**
>
> Im Naturkunde- und Mammutmuseum Siegsdorf kann man die Eiszeit erleben.
> Mit Steinzeitschnupperkurs.

Ein Höhlenlöwe in Deutschland

Nun also ist Rudi wieder aufgetaucht. Mit ihm gab der Boden die Überreste anderer Tiere der Eiszeit frei. Neben Knochen und Zähnen von Wolf, Fellnashorn, Riesenhirsch und Bison war es vor allem das Skelett eines mächtigen Höhlenlöwen. Von ihm ist sogar eine naturgetreue Nachbildung zu sehen. Und von Rudi? Natürlich auch. Das Mammut steht unweit des Museums am Eingang zum Siegsdorfer Kurpark.

Der Höhlenlöwe – ein Zeitgenosse des Mammuts. Er heißt deshalb so, weil man ihn am ehesten in Höhlen findet. Höhlenlöwen waren größer als die heutigen Löwen.

DIE HÖHLE IM NEANDERTAL

Das kleine Neandertal bei Düsseldorf war einst wunderschön. In der wilden und tiefen Schlucht rauschte ein Flüsschen. Maler kamen, um die schroffen Felsen mit ihren Höhlen, die Wasserfälle und die üppige Pflanzenwelt festzuhalten. Ihre Arbeiten sind die einzigen Zeugnisse des heute weltberühmten Tals. Es wurde durch den Abbau von Kalkstein zerstört.

Rätselhafte Knochen

Im August 1856 sprengten Arbeiter im Neandertal eine Höhle frei. Während sie das Geröll wegräumten, stießen sie auf Knochen. Gehörten sie einem Höhlenbären? Oder waren das gar die Überreste eines Verbrechens? Ratlos brachten sie die Skelettteile zu einem Dorflehrer. Johann Carl Fuhltrott erkannte, dass die Arbeiter etwas ganz Besonderes gefunden hatten. Er tippte auf einen »vorsintflutlichen« Menschen. Nach seinem Fundort im Neandertal wurde er »Neandertaler« genannt.

Vom Leben der Neandertaler

Die Neandertaler lebten in der Zeit von 200 000 vor Christus bis etwa 30 000 vor Christus. Dann starben sie aus. Niemand weiß, warum. Dabei waren diese Urmenschen durchaus nicht so dumm und ungeschickt, wie man sie lange Zeit sah. Die Neandertaler stellten Waffen und Werkzeuge her, sie fertigten Kleidung an und sie waren erfolgreiche Jäger. Auch pflegten sie ihre Kranken und Alten und ihre Verstorbenen bestatteten sie.

In Höhlenmalerei können sich die Besucher der Steinzeitwerkstatt des Neandertal Museums versuchen.

Alltag in der mittleren Altsteinzeit

Über 300 Skelette entdeckt

Und wie sah der Neandertaler aus? Er war klein und untersetzt. Vor allem aber hatte er ein vorspringendes Gesicht, breite Augenwülste und eine flache Stirn. Über 300 Skelette wurden bisher in Eurasien und im Nahen Osten entdeckt. Leider ist die Stätte der ersten Neandertaler-Funde nicht mehr erhalten. Doch ein kleiner, etwa an ihrer Stelle gelegener Park weist auf sie hin. Er gehört zu einem 500 Meter entfernten Neandertal-Museum.

Zu Besuch im Museum

Das Neandertal-Museum in Mettmann erzählt die Geschichte der Menschheit.
Die Steinzeitwerkstatt des Museums bietet Urgeschichte zum Be-greifen.

DIE HÖHLENBÄREN VOM DRACHENLOCH

Am Drachenberg hoch über Vättis, einem Bergdorf im wildromantischen Ostschweizer Taminatal, lockt eine Höhle. Ihr riesiger Eingang ist schon vom Tal aus zu sehen. Drachenloch wird sie genannt, seit vor vielen Jahren einige Jäger hinaufstiegen und fossile Knochen entdeckten. Sie hielten sie für die Überreste von Drachen.

Knochenstücke und ein Zahn

Am 7. Juli 1917 machte sich der Lehrer Theophil Nigg aus Vättis mit seinem damals neunjährigen Sohn Toni auf den Weg zum Drachenloch. 1500 steile Höhenmeter waren zu überwinden. Endlich erreichten sie den Eingang der fast 70 Meter langen Höhle. In einer ihrer sechs Kammern entdeckte Theophil Nigg Knochenstücke und einen Bärenzahn. Aufgeregt brachte der Lehrer seinen Fund zu Tal. Noch am selben Tag sandte er ihn nach St. Gallen zu einem Fachmann. Schon bald kam die ersehnte Antwort.

Bären in schwindelnder Höhe

Theophil Nigg hatte in einer Höhe von 2427 Metern Höhlenbärenknochen entdeckt. Das war eine Sensation. Endlich wusste man, dass diese Großtiere der Eiszeit nicht nur die Niederungen und die Mittelgebirge bewohnten, sondern auch im Hochgebirge lebten. Das Drachenloch wurde wissenschaftlich untersucht. Vor allem im mittleren Höhlenbereich gruben die Forscher prachtvoll erhaltene Reste von Höhlenbären aus. Auch mehrere Bärenschädel befanden sich unter den Funden.

Im Urwelt-Museum in Bayreuth kann man Höhlenbären der Fränkischen Schweiz besichtigen.

Höhlen als Winterquartier

Höhlenbären waren deutlich größer als Braunbären. Beide Arten kamen nebeneinander vor, aber nur der Höhlenbär ernährte sich vorwiegend von Pflanzen. Seine Lieblingsmahlzeit bestand aus Kräutern, Beeren, Früchten und Honig. In die Höhlen kam er zum Überwintern. Hatte sich ein Bär nicht genügend Speck angefressen, überlebte er die lange Winterruhe nur selten. In manchen Höhlen fand man mehrere tausend Skelette. Vor über 10 000 Jahren starben die Höhlenbären aus.

Der Höhlenbär (oben) war etwa ein Drittel größer als der heutige Braunbär. Er hatte eine Schulterhöhe von 1,6 Metern.

Eiszeitliche Höhlenbären in den Alpen

Zu Besuch im Museum

Drachenlochmuseum Vättis mit Funden aus dem Drachenloch und Dokumenten aus der Grabungsperiode 1917–1923.
Künstliche Höhle mit lebensgroßem Höhlenbären im Naturhistorischen Museum Basel.

DIE EISZEITJÄGER AM RHEIN

Im Osten der Eifel erstreckt sich der Laacher See. Er entstand während eines Vulkanausbruchs vor 13 000 Jahren. Die Explosionen waren gewaltig. Sie rissen Gestein aus mehreren hundert Metern Tiefe nach oben. Eine Rauchsäule verdunkelte den Himmel. Unmengen Asche und Bimsstein legten sich über die Landschaft. Sie bedeckten auch die Lagerstätten eiszeitlicher Jäger. So blieben sie uns erhalten.

Ein Lagerplatz am Rhein

Ein Siedlungsplatz befand sich im heutigen Gönnersdorf. Er lag an einem kleinen Bach, etwa 50 Meter über dem Rhein. Der Fluss war breit, aber flach. In ihm schwammen Lachse und Forellen. Im dichten Röhricht lebten Schwäne, Gänse und Enten. Am Wasser wuchsen Erlen. Auf den weiten, grasbestandenen Hochflächen weideten Pferde- und Rentierherden, vereinzelt noch Mammuts und Wollnashörner. Auch Schneehasen, Kraniche und Trappen gab es. All diesen Tieren stellten die Menschen nach.

Wirksame Fernwaffe

Die wichtigste Beute der Eiszeitjäger waren Rentiere und Wildpferde. Geschickt drängten sie die Herden an engen Stellen zusammen. Dort wurden die Tiere dann mit Speeren und Stoßlanzen erlegt.

Zu Besuch im Museum

»Museum für die Archäologie des Eiszeitalters« in Neuwied. Hier kann man mit dem Feuersteingriffel in Schieferplatten ritzen oder wie ein Archäologe in einer Höhle ausgraben.

Besonders wirksam war die Speerschleuder. Damit konnte man die Speere weiter werfen und besser treffen. Die steinzeitliche Fernwaffe bestand aus einem Holzschaft. An seiner Spitze saß ein Haken. Da wurde der Speer eingehakt und dann geworfen. Die Speerschleuder verlängerte den Wurfarm des Jägers.

Kunstwerke der Steinzeit

Die Eiszeitjäger von Gönnersdorf lebten in geräumigen Zelten aus Pferdehäuten. Diese waren über Holzgerüste gespannt. Im Innern befand sich eine Feuerstelle. Zur Wohnungsausstattung gehörten auch steinerne Lampen. In ihren Vertiefungen wurde mithilfe eines Pflanzendochtes Talg oder Fett verbrannt.

Der Boden der runden Behausungen war mit Schieferplatten gepflastert. In sie ritzten die Steinzeitmenschen Bilder von Tieren und tanzenden Frauen. Sie sind heute weltberühmt.

In solch geräumigen Zelten lebten die Eiszeitjäger vom Rhein. Im Innern gab es eine Feuerstelle und kleine Kochgruben.

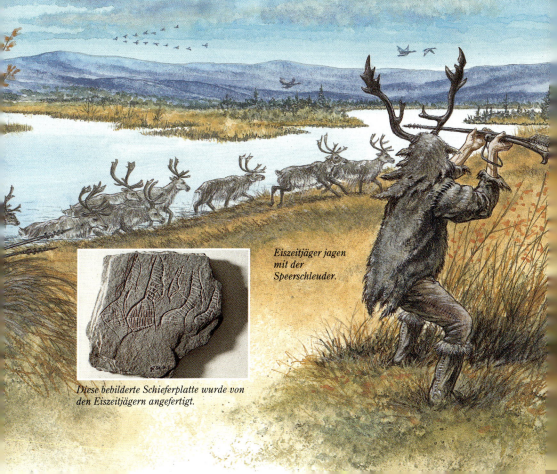

Eiszeitjäger jagen mit der Speerschleuder.

Diese bebilderte Schieferplatte wurde von den Eiszeitjägern angefertigt.

PFAHLBAUTEN IM BODENSEE

Der Winter 1853/54 ist lang und kalt. Im Zürichsee, einem fast 40 Kilometer langen Schweizer See, sinkt der Wasserspiegel. Merkwürdige Holzstümpfe werden sichtbar. Es sind in den Boden gerammte Pfähle. In ihrer Nähe liegen Keramikscherben, Knochen und Steingeräte im Schlick. Der See hat eine uralte Siedlungsstelle freigegeben. Es soll nicht die einzige bleiben. Das »Pfahlbaufieber« bricht aus.

Siedeln auf Stelzen

1856 werden auch am Bodensee Reste von Ufersiedlungen entdeckt. Die ältesten sind vor 6000 Jahren entstanden. Schwankungen des Wasserstandes hatten immer wieder für baumfreie Flächen im Uferbereich gesorgt. Sie eigneten sich zum Hausbau. Zunächst drehte man lange Pfähle in den Seeboden ein. Auf dem Pfahlgerüst entstanden die Hütten. Ihre Flechtwände wurden mit Lehm verkleidet. Als Dachbedeckung dienten Stroh, Rinden und Reisig. In wenigen Monaten war eine Siedlung fertig.

Eine Welt versinkt

Irgendwann nahm sich der See die Hütten wieder. Sie gerieten unter Wasser. Sand und Seekreide deckten sie luftdicht ab. So überdauerten sie die Jahrtausende. Aber auch alte Schiffswracks, Schmuck und Kleidungsstücke, Haushaltsgegenstände, Werkzeuge, Waffen sowie Jagd- und Fischereigeräte wurden in der Nähe der Hütten gefunden. Sie erzählen vom Leben der Menschen in früheren Zeiten.

Lebendige Vergangenheit

Und wie haben die Menschen damals gelebt? Ein nachgebautes Pfahlbaudorf aus der Bronzezeit zeigt es. Es steht in der Bucht von Unteruhldingen. Da sieht man, wie ein Salzhändler bei einer Familie anklopft. In dem

So wie dieser Nachbau von 2002 sah das bronzezeitliche Pfahlbaudorf vor etwa 3000 Jahren aus.

Pfahlbausiedlung am Ufer des Bodensees

kleinen Raum hat der Junge gerade einen Topf mit Brei umgestoßen. In der Hütte gegenüber sind Handwerker bei der Arbeit. Und im Kulthaus findet eine Leichenfeier statt. Das originalgetreu aufgebaute Bronzezeitdorf kann seit 2002 besichtigt werden. Älter und größer ist das steinzeitliche Dorf, das auf demselben Gelände steht.

> **Zu Besuch im Museum**
>
> Pfahlbaumuseum Unteruhldingen mit 20 original eingerichteten Nachbauten von Pfahlhäusern. Schülerprojekte: Aus Kalkstein, Holz oder Feuerstein kleine Kunstwerke schaffen.

Fische gehörten zum Speiseplan. Die Fischer fuhren mit Einbäumen auf den See hinaus.

DIE HIMMELSSCHEIBE VON NEBRA

Der Mittelberg bei Nebra in Sachsen-Anhalt war vor 3600 Jahren kahl. Der Blick reichte bis zum Kyffhäuser und bei guter Sicht konnte man sogar den 80 Kilometer entfernten Brocken im Harz sehen. Mit einem geeigneten Instrument sollte es möglich sein, von hier aus anhand des Sonnenuntergangs den Stand des Jahres festzustellen.

Ausgebuddelt und gestohlen

Ein solches Instrument gab es damals tatsächlich schon. Es wurde 1999 auf dem Mittelberg von Raubgräbern entdeckt. Drei Jahre später stellte es die Polizei in der Schweiz sicher. Heute ist dieses Instrument unter dem Namen »Himmelsscheibe von Nebra« weltbekannt. Die grünlich schimmernde Bronzescheibe ist 32 Zentimeter groß und zwei Kilogramm schwer. Mit ihr ist uns erstmals eine bildhafte Darstellung des Himmels von vor 3600 Jahren überliefert. Aber nicht nur das.

Was die Scheibe verrät

32 kleine Goldplättchen auf der Scheibe stellen Sterne dar, zwei große die Sonne und den Mond. Die beiden Goldauflagen am Scheiben-

Zu Besuch im Museum

Wanderung oder Kutschfahrt von Wangen bei Nebra zur Fundstelle auf dem Mittelberg. Die Himmelsscheibe von Nebra ist im Landesmuseum in Halle/Saale ausgestellt. Besichtigung der Ausgrabungsstelle Goseck bei Weißenfels.

Der Mittelberg bei Nebra bot vor 3600 Jahren einen freien Blick in die Ferne.

rand verkörpern westliche und östliche Horizontbögen. Sie sollen den Lauf der Sonne mit ihren Auf- und Untergangspunkten über das Jahr verteilt anzeigen. Ihre Winkel entsprechen genau dem Sonnenlauf im Bereich der Breitengrade von Sachsen-Anhalt während der Bronzezeit. Durch wiederholtes Peilen konnten die Menschen den Stand des Jahres feststellen. Die Scheibe diente auch als Kalender.

Eine 7000 Jahre alte Sternwarte

Nur 20 Kilometer vom Mittelberg entfernt, liegt die Gemeinde Goseck. An ihrem Ortsrand wurde bei Lufterkundungen ein Kreisgraben von 75 m Durchmesser aufgespürt. In ihm befanden sich zwei mannshohe Palisadenringe aus Holzstämmen, die von jeweils drei Toren unterbrochen sind. Die Kreisanlage ist eine Sternwarte. Von hier aus beobachteten die Menschen vor 7000 Jahren den Himmel und den Sonnenstand. Goseck ist das älteste Sonnenobservatorium Europas. Es wird wieder aufgebaut.

Sonne, Mond, Sterne und Horizontbögen zeigt die Himmelsscheibe von Nebra.

Die Kreisanlage von Goseck gilt als das älteste Sonnenobservatorium Europas.

Kyffhäuser   Brocken

DER KELTENFÜRST VON HOCHDORF

Vor 2500 Jahren wurde nahe der heutigen Ortschaft Hochdorf/Enz ein etwa 40 Jahre alter Mann bestattet. Er war in kostbare Gewänder gehüllt. Seine letzte Ruhe fand der Mann in einer großen, aus Balken gezimmerten Kammer. Sie war mit reichen Beigaben ausgestattet. Nach der Totenfeier schloss man die Kammer, sicherte sie mit Steinen und bedeckte sie mit Erde. Die Kammer stürzte bald ein. Den sechs Meter hohen Grabhügel flachten die Jahrtausende ab.

Ein wohnliches Grab

1968 fielen einer ehrenamtlichen Geschichtsforscherin auf einem Acker bei Hochdorf ungewöhnlich viele Steine auf. Offenbar gehörten sie zur Abdeckung einer uralten Grabkammer. Um die Spuren der Vergangenheit vor der Zerstörung zu retten, begannen die Forscher zu graben. Sie entdeckten ein einzigartiges Grab. Es war wohnlich ausgestattet und noch nicht geplündert. Auch hatten die Trümmer der eingestürzten Grabkammer den reich geschmückten Toten weiterhin geschützt. Der Fund erregte weltweites Aufsehen.

Liegesofa und Prunkwagen

Wer war eigentlich der vornehm gekleidete, tote Mann? Die Forscher sagen: ein Fürst der Kelten, die um diese Zeit dort lebten. Der Verstorbene ruhte auf einem reich verzierten Liegesofa aus Bronzeblech. Daneben stand ein 500 Liter fassender Bronzekessel. Er war mit Honigmet gefüllt. Ein Meisterstück der keltischen Handwerker aber ist ein 4,50 Meter langer Prunkwagen. Auf ihm befanden sich ein Speiseservice und Joch und Zaumzeug der Pferde.

Mühevolle Detektivarbeit

Leider hatte der Einsturz des Grabes den prunkvollen Wagen und andere kostbare Grabbeigaben zerstört. In mühevoller Detektivarbeit setzten die Fachleute sie wieder zusammen. Auch bauten geschickte Handwerker

Zu Besuch im Museum

Das wieder hergerichtete Original des keltischen Wagens steht im Landesmuseum Stuttgart.
Die original rekonstruierte Grabkammer und Beigaben sind im Keltenmuseum Hochdorf zu sehen.

das Grab und seine Ausstattung in tausenden von Arbeitsstunden nach. Dabei verwendeten sie nur »alte« Werkzeuge und Techniken. Selbst der Grabhügel wurde wieder aufgeschüttet – so groß, wie er einstmals war: sechs Meter hoch und 60 Meter im Durchmesser.

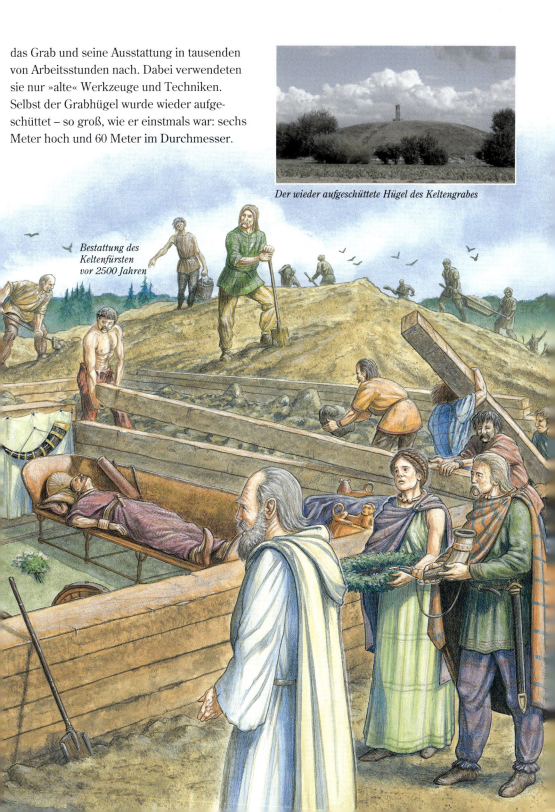

Der wieder aufgeschüttete Hügel des Keltengrabes

Bestattung des Keltenfürsten vor 2500 Jahren

DIE FUNKENBURG DER GERMANEN

Auf einem steil abfallenden Bergsporn am Ortsrand von Westgreußen in Nordthüringen erhebt sich eine ungewöhnliche Burganlage. Gräben, Erdwälle und hohe, oben angespitzte Holzpfähle umschließen sie lückenlos. Zwei hölzerne Türme überragen die Anlage, ein Wachturm und ein Torturm. Der Torturm überspannt einen Vorhof. Durch ihn betritt man die Burg.

Schutz für 50 Häuser

Funkenburg heißt die befestigte Höhensiedlung. Sie wurde im zweiten Jahrhundert vor Christus von Germanen angelegt und im frühen ersten Jahrhundert nach Christus wieder verlassen. Fünfzig Häuser hat die Wehranlage einst geschützt. Einige von ihnen sowie sämtliche Befestigungen sind vor wenigen Jahren wieder aufgebaut worden. Während der Ausgrabungen wurden tausende Fundstücke geborgen. Sie geben einen Einblick in den Alltag der Germanen.

Ein Rasen auf dem Dach

Die Germanen bauten ihre Häuser aus Holz, Lehm, Schilf und Gras. Die Wände waren mit Lehm verkleidete Weidengeflechte. Angespitzte Holzstämme hielten sie zusammen. Der Dachstuhl wurde aus Balken gefertigt. Holznägel und Stricke verbanden sie miteinander. Die Dachbedeckung bestand meist aus Schilf oder Rasensoden. Das war gestochener und auf den Dachstuhl gelegter Rasen. Im Haus befand sich eine Feuerstelle. Ihr Rauch konservierte das Holz. Er hielt auch Insekten und Käfer fern.

Dieses mächtige Tor der Funkenburg wurde rekonstruiert. Im Vordergrund ein Backofen.

Alltag im Schutz der germanischen Wehranlage

Lieblingsmahlzeit: Rohkost

Größtes Gebäude der Funkenburg ist das zwölf Meter lange und acht Meter breite Langhaus. Es war Sitz des Häuptlings. Auf der Freifläche davor fanden Versammlungen und Beratungen statt. Die Wohnhäuser boten acht bis zehn Menschen Platz. Vorräte wurden in einer besonderen Rundhütte gelagert. Auch kleine Gärten kannten die Germanen schon. Ihre Hauptnahrungsmittel waren Wurzelknollen und Blattsprösslinge. Sie wurden roh genossen.

Zu Besuch im Museum

Die Funkenburg ist die einzige rekonstruierte Germanensiedlung Deutschlands. Das Funkenburgfest findet an jedem dritten Augustwochenende statt.

DAS OPFERMOOR VON OBERDORLA

Im Herbst, wenn dichter Nebel durch die Niederungen Thüringens zieht, herrscht am Moor von Oberdorla eine besondere Stimmung. Dann beginnt man zu ahnen, weshalb sich die Menschen in germanischer Zeit ausgerechnet Sümpfe, Flüsse und Seeufer für ihre heiligen Handlungen ausgesucht haben. Das Moor von Oberdorla war vor mehr als 2000 Jahren eine Opferstätte.

Rekonstruierte Kultstätte von Oberdorla

Beim Torfabbau entdeckt

Gefunden wurde der Kultplatz 1947. Damals begann im Ried bei Oberdorla der Torfabbau. Zunächst tauchten vereinzelt Tierschädel und urgeschichtliche Scherben aus dem Moor auf. Zehn Jahre später kamen weitere Schädel, Knochen, Holzkohle sowie Hölzer mit Schnitt- und Feuerspuren zum Vorschein. Von nun an begleiteten Wissenschaftler den Torfabbau. Sie entdeckten ein bedeutendes Moorheiligtum. Hier fanden häufig Tieropfer statt.

Rundheiligtum am Seeufer

Germanische Stämme verehrten fast 900 Jahre lang an dieser Stelle höhere Mächte. Und zwar von der Mitte des dritten Jahrhunderts vor Christus bis zum sechsten Jahrhundert nach Christus. Damals erstreckte sich in Oberdorla ein See. An seinem Ufer befanden sich kreisförmige heilige Plätze. In diesen »Rundheiligtümern« brachte der Priester Opfer dar, um die Götter zu besänftigen oder um Beistand von ihnen zu erbitten. Leider wissen wir nicht, wie eine solche Opferzeremonie abgelaufen ist, denn es gibt darüber keine schriftlichen Aufzeichnungen.

Opfer für die Gottheit

Brandreste neben den Heiligtümern deuten darauf hin, dass die Opfergemeinde ein heiliges Mahl zubereitete und verzehrte. Dieses gemeinsame Mahl sollte auch die Gottheit stärken, die ständig neue Nahrung brauchte. In Oberdorla sind im Laufe der Zeit zahlreiche Haustiere wie Rinder, Pferde, Schafe, außerdem Ziegen, Schweine und Hunde geopfert worden. Doch daneben finden sich auch Reste von Jagdtieren. Einzelne Tierschädel waren auf Pfähle gesteckt – dies gefiel wohl den Gottheiten. Auch Menschenopfer hat es gegeben. Selbst Götterbilder – so genannte Idole – fand man im Moor. Das sind Pfähle in Menschengestalt von unterschiedlicher Länge und Ausführung.

Zu Besuch im Museum

In einem Museum werden interessante Fundstücke aus dem Opfermoor gezeigt.
Im Freigelände sind wichtige Heiligtümer aus verschiedenen Zeiten rekonstruiert worden sowie typische Häuser einer germanischen Siedlung.
Auf dem Freigelände können sich Schulklassen nach Anmeldung mit germanischen Handwerks- und Jagdtechniken vertraut machen.

Opferzeremonie im Heiligtum von Oberdorla, wie sie möglicherweise abgelaufen sein könnte

DIE REITERKRIEGER VON WIEN

Aus der Luft sieht man mehr – auch, was sich unter der Erde verbirgt? Im Frühjahr 2001 stiegen österreichische Archäologen in ein Flugzeug. Sie wollten sich ein Gebiet am Stadtrand von Wien anschauen, in dem eine Schnellstraße entstehen sollte. Die Forscher wussten, dass diese Gegend schon vor Jahrtausenden besiedelt war. Würden sie etwas Wichtiges entdecken?

Gräberfeld der Awaren

Die Forscher stellten Besonderheiten im Bewuchs der Felder fest. Diese sagten ihnen: Hier unten muss ein großes Gräberfeld liegen. Die Gräber waren von Ost nach West ausgerichtet. Könnte es sich um Awarengräber handeln? Die Awaren waren ein frühmittelalterliches Reitervolk. Sie lebten ursprünglich in Asien. 552 nach Christus wurden sie von den Türken bedrängt. Die Awaren wichen nach Westen aus. Dort, in Mittel- und Osteuropa, errichteten sie eine Schreckensherrschaft.

Awarische Reiterkrieger greifen ein Dorf an.

Gefürchtete Reiterkrieger

Die awarischen Reiterkrieger waren sehr gefürchtet. Ihre »Wunderwaffe« war der Reflexbogen. Er bestand aus mehreren Schichten Holz, Sehnen und Horn. Das erhöhte seine Durchschlagskraft. Die mit schweren, dreiflügeligen Spitzen versehenen Pfeile flogen fast 500 Meter weit. In vollem Galopp konnten bis zu 20 Pfeile pro Minute verschossen werden. Panzerhemden schützten die Reiter, die außerdem noch ein Schwert oder eine Stoßlanze bei sich trugen.

Pferde im Grab

Mehr als 650 Gräber ließen die Archäologen am Stadtrand von Wien freilegen. Sie enthielten Skelette von Männern, Frauen und Kindern. Ringe und Ohrgehänge, vor allem auch Reflexbögen und Säbel bestätigten schon bald, dass es sich tatsächlich um Awaren handelte. Einige Krieger waren sogar mit ihren aufgezäumten Reitpferden beigesetzt. Die Gräber stammen aus der zweiten Hälfte des achten Jahrhunderts. Damals wurde das Reich der Awaren von Kaiser Karl dem Großen vernichtet.

Der Kamm mit Zirkelverzierungen wurde von Awaren aus Knochen kunstvoll angefertigt.

Zu Besuch im Museum

Archäologische Hinterlassenschaften der Awaren können im Wiener Museum für Naturwissenschaften besichtigt werden. Auch das Museum der Stadt Mödling zeigt in seiner frühgeschichtlichen Abteilung Funde aus einem großen awarenzeitlichen Friedhof. Sie sind von 1968 bis 1975 aus rund 500 Gräbern geborgen worden.

TEMPELORT GROSS RADEN

Mehr als 1000 große und kleine Seen glitzern in Mecklenburg-Vorpommern im Sonnenlicht. Als einer der schönsten gilt der Große Sternberger See. Er ist glasklar und reich an Fischen. Sein wertvollster Schatz aber befindet sich auf einer Halbinsel. Sie ragt in einen nördlichen Ausläufer des Sees hinein und ist von einem ausgedehnten Waldgebiet umgeben.

Slawische Siedlung ausgegraben

Ein stark verflachter Wall auf der Halbinsel ließ schon länger vermuten, dass hier einst Menschen gesiedelt hatten. 1973 begannen die Ausgrabungen. Sie übertrafen alle Erwartungen. Der feuchte Untergrund hatte die hölzernen Überreste von Wohnhäusern, Speichern, Wehrbauten und einem Tempel außergewöhnlich gut erhalten. Sie geben tiefe Einblicke in die Holzhandwerkskunst der Slawen. Götterdarstellungen am Tempel lassen ihre religiöse Welt erahnen.

Häuser für 200 Menschen

Die Siedlung Groß Raden gibt es seit der Mitte des neunten Jahrhunderts nach Christus. Sie wurde von den Warnowern gegründet. Das ist ein Teilstamm der Obotriten, der Nordwestslawen. Mit befestigten Siedlungen wie dieser wappneten sie sich vor der Ausdehnung des Deutschen Reiches östlich der Elbe. In den kleinen, dicht gedrängt stehenden Flechtwandhäusern lebten einst zweihundert Menschen. Mit einem besonderen Zugang versehen und extra geschützt war der Tempel. In ihm vertrauten sich die Menschen ihrer Gottheit an.

Alltag der Altslawen

Die Siedlung wurde nach nur wenigen Jahrzehnten zerstört. An gleicher Stelle errichtete man eine zweite. Die dritte ist erst wenige Jahre alt. Sie entstand ab 1985 auf den Überresten der zweiten und ist ein Freilichtmuseum. Es zeigt auch viele Alltagsgegenstände der Altslawen: Schalen, Löffel, knöcherne Kämme, Schuhe, Körbe, Einbäume. Alte Handwerkstechniken werden nicht nur vorgeführt. Große wie kleine Besucher dürfen nach Anmeldung selbst töpfern, spinnen, weben, backen, Körbe flechten und andere Techniken erproben.

Befestigte Slawensiedlung mit Tempel

Zu Besuch im Museum

Höhepunkt aller Vorführungen und Mitmachprojekte ist die Museumswoche im Juli jedes Jahres.

Die Überreste der zweiten Slawensiedlung am Großen Sternberger See wurden zu einem Freilichtmuseum ausgebaut.

DIE SLAWENBURG RADDUSCH

Niederlausitz heißt die flache Landschaft zwischen Schwarzer Elster und Neiße im östlichen Deutschland. Vor mehr als 1000 Jahren hatte sich hier am Rande des Spreewaldes ein slawischer Stamm niedergelassen. Die Lusizi waren, wie auch andere slawische Stämme, aus dem Osten und Südosten gekommen. Um sich gegen feindliche Eroberer zu schützen, bauten sie kleine Wehranlagen.

Mauern aus Holz, Sand und Erde

Die ringwallförmigen Slawenburgen wurden aus gitterartig übereinander geschichteten Eichenstämmen errichtet. Asthaken verhinderten ein Abgleiten der äußersten Schicht. Den entstehenden Zwischenraum füllte man mit Sand und Erde auf. Aus zahlreichen solcher aneinander gereihter Holzkästen wuchs die Wallmauer der Burg. Oben endete sie mit einem Wehrgang. Diesen schützte eine so genannte Brustwehr aus Weidengeflecht. Häufig war der Ringwall von einem Wassergraben umgeben.

Fluchtburg für das Dorf

Die Wände der Tunneltore waren mit Halbstämmen ausgezimmert. In dem geschützten Innenhof drängten sich Wohnhäuser, Wirtschaftsgebäude, Speicher, Kultbauten und Versammlungsstätten. Gewöhnlich lebten die Bauern und Handwerker in der Vorburgsiedlung. Das ist ein Dorf vor der Burg. Ihre Blockhäuser hatten nur einen Raum. Anfangs dienten die Burgen dem ganzen Dorf als Zuflucht. Später wohnten in ihnen die Burgbesatzung und ein Burgherr.

Wie vor 1000 Jahren

40 Slawenburgen gab es in der Niederlausitz. Viele mussten dem Braunkohleabbau weichen. Eine der geretteten ist die Burg Raddusch. Sie wurde zwischen 1984 und 1990 vor einem nahenden Tagebau ausgegraben. Damals war sie nur als flache Kuppe auszumachen. Als die Kohleförderung in diesem Gebiet eingestellt wurde, begann man die Burg wieder aufzubauen. Nun sieht der Ringwall aus wie vor 1000 Jahren. Sein Inneres aber ist hohl. Darin befindet sich ein Museum.

Die rekonstruierte Slawenburg Raddusch am Rande des Spreewalds

Die Slawenburgen wurden aus gitterartig übereinander geschichteten Eichenstämmen errichtet.

Zu Besuch im Museum

Der Ringwall der »Slawenburg Raddusch« ist äußerlich weitgehend originalgetreu wieder aufgebaut worden.
In seinem Innern befindet sich u. a. die Ausstellung »Archäologie in der Lausitz«.
Spezielle Kinderführungen gibt es auf Anfrage für Klassen und Gruppen.

Die ringwallförmige Slawenburg diente einst auch als Fluchtburg für das Dorf.

DIE WIKINGERSTADT HAITHABU

Die Schlei ist eine schmale, tief ins Land hineinreichende Ostseebucht. An ihrem inneren Ende entstand vor 1200 Jahren ein Handelsplatz. Man nannte ihn Haithabu, das heißt »Siedlung auf der Heide«. Was war so besonders an Haithabu? Der Ort lag an der kürzesten Landbrücke zwischen Ostsee und Nordsee. Sie ersparte die gefährliche und zeitraubende Schiffsreise durch das Skagerrak – wenn man die Waren umlud.

Schutzwall für die Stadt

Einhundert Jahre später war Haithabu eines der größten Handelszentren des Nordens. Rund 1000 Einwohner lebten damals in der Stadt, vor allem Friesen, Dänen, Schweden, Sachsen und Slawen. Haithabu war nach Plan angelegt. Ein künstlich befestigter Bach durchzog das Zentrum. Knüppelwege und bohlenbelegte Gassen bildeten ein frühes Straßensystem. Ein hoher, halbkreisförmiger Schutzwall umgab den Ort. Im Hafen erhoben sich weit ins Wasser reichende Landebrücken.

Bauern, Händler und Seefahrer

Haithabu war in der großen Zeit der Wikinger entstanden. So nannte man damals die Menschen aus Dänemark, Norwegen, Island und Schweden. Die meisten lebten in kleineren Dorfgemeinschaften oder auf einsamen Höfen. Sie waren Bauern, Jäger oder Fischer. Andere trieben erfolgreich Handel. Aber die Wikinger waren auch bekannte Seeräuber. Mit ihren Schiffen verbreiteten sie an allen bekannten Küsten Europas Angst und Schrecken.

Das vor Haithabu gefundene Langschiff kann in der Schiffshalle des Haithabu-Museums besichtigt werden.

Zu Besuch im Museum

Das Wikinger Museum Haithabu informiert über das Leben der Wikinger.
In der Schiffshalle steht das mit aufwändiger Technik geborgene Langschiff. Es wurde vor den Augen der Besucher wieder aufgebaut.

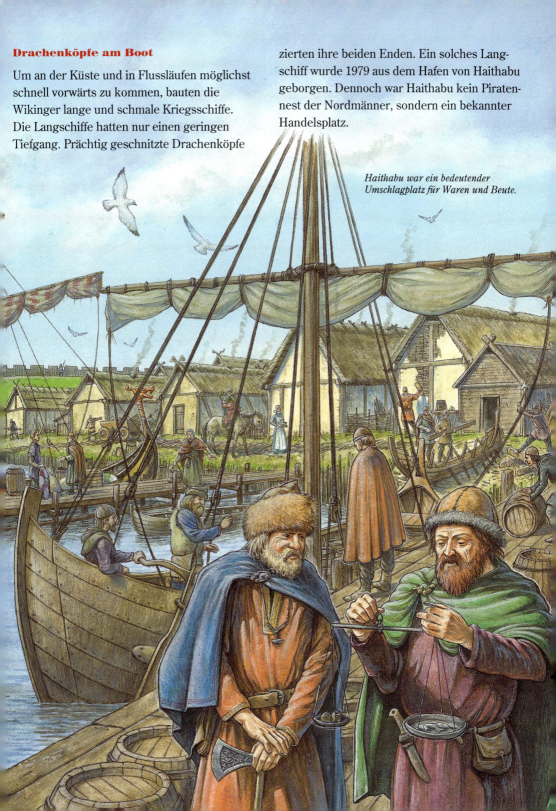

Drachenköpfe am Boot

Um an der Küste und in Flussläufen möglichst schnell vorwärts zu kommen, bauten die Wikinger lange und schmale Kriegsschiffe. Die Langschiffe hatten nur einen geringen Tiefgang. Prächtig geschnitzte Drachenköpfe zierten ihre beiden Enden. Ein solches Langschiff wurde 1979 aus dem Hafen von Haithabu geborgen. Dennoch war Haithabu kein Piratennest der Nordmänner, sondern ein bekannter Handelsplatz.

Haithabu war ein bedeutender Umschlagplatz für Waren und Beute.

Einfach vorbeigeschaut!

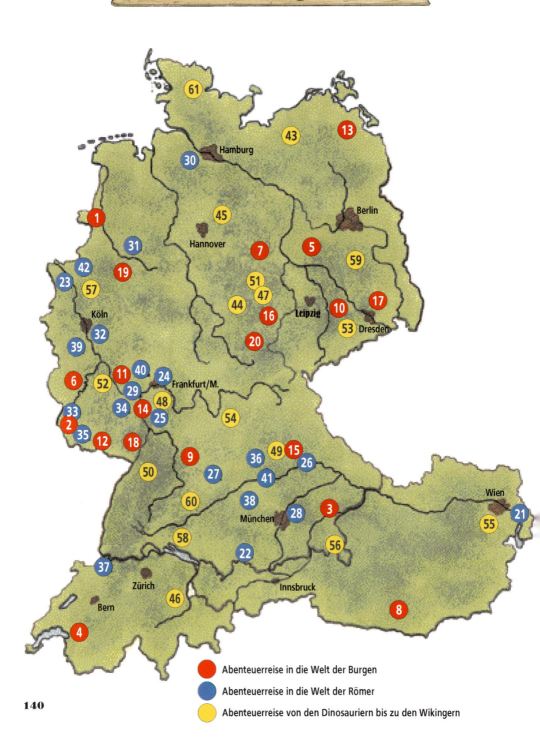

Adressen

1. Burg Bentheim
Burgmuseum Schloss
48455 Bad Bentheim
Tel. 05922-5011

2. Burg Berwartstein
76891 Erlenbach
Tel. 06398-210

3. Burg Burghausen
Burg Nr. 48
84489 Burghausen
Tel 08677-4659

4. Burg Chillon
Avenue de Chillon 21
CH-1820 Veytaux
Tel. 021- 966 89 10

5. Burg Eisenhardt
Wittenberger Str. 14
14806 Belzig
Tel. 033841-42461

6. Burg Eltz
56294 Wierschem
Tel: 02672-950500

7. Burg Falkenstein
06543 Pansfelde
Tel. 034743-8135

8. Burg Hochosterwitz
A-9314 Launsdorf
Tel. 04213- 2010

9. Burg Hornberg
Burg Hornberg 1
74865 Neckarzimmern
Tel. 06261-5001

10. Burg Kriebstein
Staatlicher Schlossbetrieb
09648 Kriebstein
Tel. 034327-9520

11. Marksburg
56338 Braubach
Tel. 02627-206

12. Burg Montclair
Tourismusverband Merzig-Wadern
66663 Merzig
Tel. 06864-2242

13. Alte Burg Penzlin
Am Wall 15
17217 Penzlin
Tel. 03962-210494

14. Burg Pfalzgrafenstein
56349 Kaub
Tel. 0172-2622800

15. Burg Prunn
93339 Riedenburg
Tel. 09442-3323

16. Runneburg
99631 Weißensee
Tel. 036374-20785

17. Burg Stolpen
Staatliche Schlossbetriebe
Schlossstraße 10
01833 Stolpen
Tel. 035973-23410

18. Burg Trifels
76855 Annweiler
Tel. 06346-8470

19. Burg Vischering
Berenbrock 1
59348 Lüdinghausen
Tel. 02591-7990-0

20. Wartburg
Informationszentrum
Schlossberg 2
99817 Eisenach
Tel. 03691-77072

21. Archäologischer Park Carnuntum
Hauptstraße 296
A-2404 Petronell-Carnuntum
Tel. 02163-33770

22. Archäologischer Park Cambodunum
Cambodunumweg 3
87435 Kempten
Tel. 0831-574250

23. Archäologischer Park Xanten
Wardter Straße
Tel. 02801-983010

24. Archäologisches Museum Frankfurt
Karmelitergasse 1
60311 Frankfurt/Main
Tel. 069-21235896

25. Hessisches Landesmuseum
Friedensplatz 1
64283 Darmstadt
Tel. 06151-165703

26. Historisches Museum Regensburg
Dachauplatz 2-4
93047 Regensburg
Tel. 0941-5072448

27. Limesmuseum Aalen
St.-Johann-Straße 5
73430 Aalen
Tel. 07361-6556

28. Münchner Prähistorische Staatssammlung
Lerchenfeldstraße 2
80538 München
Tel. 089-293911

29. Museum für antike Schifffahrt
Neutorstraße 2b
55116 Mainz
Tel. 06131-2866300

30. Museum für Kunst und Gewerbe
Steintorplatz 1
20099 Hamburg
Tel. 040-4281342732

31. Museum und Park Kalkriese
Venner Straße 69
49565 Bramsche-Kalkriese
Tel. 05468-92040

32. Rheinisches Landesmuseum Bonn
Colmantstraße 14-18
53115 Bonn
Tel. 0228-20700

33. Rheinisches Landesmuseum Trier
Weimarer Allee 1
54290 Trier
Tel. 0651-97740

34. Römerhalle Bad Kreuznach
Hüffelsheimer Straße 11
55545 Bad Kreuznach
Tel. 0671- 9207787

35. Römermuseum Homburg-Schwarzenacker
Homburger Straße 38
36424 Homburg
Tel 06848-730777

36. Römermuseum Weißenburg
Martin-Luther-Platz 3
91781 Weißenburg
Tel. 09141-907126

Adressen

37. Römerstadt Augusta Raurica
Giebenacherstraße 17
CH-4302 Augst
Tel. 061-8162222

38. Römisches Museum Augsburg
Dominikanergasse 15
86150 Augsburg
Tel. 0821-3244131

39. Römisch-Germanisches Museum Köln
Roncalliplatz 4
50667 Köln
Tel. 0221-22124438

40. Saalburgmuseum
Saalburg 1
61350 Bad Homburg
Tel. 06175-93740

41. Verein Römervilla Möckenlohe e.V.
Tauberfelder Weg 1
85111 Möckenlohe
Tel. 08424-277

42. Westfälisches Römermuseum Haltern
Weseler Straße 100
45721 Haltern am See
Tel. 02364-93760

43. Archäologisches Freilichtmuseum Groß Raden
Kastanienallee
19406 Sternberg
Tel.: (03847) 22 52

44. Ausstellung Opfermoor Vogtei
Schleiweg 9
99986 Niederdorla
Tel. 03601-756040

45. Dinosaurier-Freilichtmuseum Münchehagen
Alte Zollstraße 5
31547 Rehburg-Loccum
Tel. 05037-2073

46. Drachenlochmuseum Vättis
CH-7315 Vättis
Tel. 081-3061294

47. Freilichtanlage Funkenburg
Dorfstraße 10
99718 Westgreußen
Tel. 03636-704616

48. Hessisches Landesmuseum
Friedensplatz 1
64283 Darmstadt
Tel. 06151-165703

49. Jura-Museum Eichstätt
Burgstraße 19
85072 Eichstätt
Tel. 08421-2956

50. Keltenmuseum Hochdorf an der Enz
Keltenstraße 2
71735 Eberdingen-Hochdorf/Enz
Tel. 07042-78911

51. Landesmuseum für Vorgeschichte Halle/Saale
Richard Wagner-Straße 9
06114 Halle/Saale
Tel. 0345-524701

52. Museum für die Archäologie des Eiszeitalters
Schloss Monrepos
56567 Neuwied-Segendorf
Tel. 02631-97720

53. Museum für Naturkunde Chemnitz
Theaterplatz 1
09111 Chemnitz
Tel. 0371-4884551

54. Naturhistorisches Museum Nürnberg
Marientorgraben 8
90402 Nürnberg
Tel. 0911-227970

55. Naturhistorisches Museum Wien
Burgring 7
A-1010 Wien
Tel. 01521-770

56. Naturkunde- und Mammut-Museum Siegsdorf
Auenstraße 2
83313 Siegsdorf
Tel. 08662-13316

57. Neanderthal Museum
Talstraße 300
40822 Mettmann
Tel. 02104-979797

58. Pfahlbaumuseum
Strandpromenade 6
88690 Unteruhldingen
Tel. 07556-8543

59. Slawenburg Raddusch
Zur Slawenburg 1
03226 Raddusch
Te. 035433-55522

60. Urwelt-Museum Hauff
Aichelberger Straße 90
73271 Holzmaden
Tel. 07023-2873

61. Wikinger Museum Haithabu
Schloss Gottorf
24837 Schleswig
Tel. 04621-813222

Register

A
Abortnische 20
Abwassernetz 70
Alchemist 12
Alchemistenlabor 12, 13
Altsteinzeit 116
Ameisenbär 111
Amphitheater 70, 71, 78, 79, 86, 87, 97
Apatosaurus 108
Aquädukt 76, 77, 96, 97
Archäologe 98, 99, 120, 132, 133
Archäopteryx 98, 106, 107, 116
Arena 55, 72, 78, 79, 97
Arminius 56, 57
Atrium 74, 75, 97
Aufstiegskamin 14
Ausgrabung 111, 134
Awaren 132, 133

B
Backofen 91
Badegast 80
Badehaus 60
Barosaurus 98
Basilika 70, 85, 97
Batterieturm 12, 13
Baukran 86, 87
Baumfarn 101
Belagern 27, 30
Belagerung 20, 23, 35, 42
Belagerungsburg 23
Bergfried 10, 12, 18, 20, 29, 40, 47, 53
Bimsstein 120
Birota 64
Blide 42, 43, 53
Bogenbrücke 76
Bronzezeit 122, 125
Brücke 68, 69
Brunnen 10, 13, 20, 44
Brunnenbau 13
Brunnenschacht 39
Bühnentheater 82, 83
Burgfrau 15
Burgfräulein 40
Burgfriedensbrief 22
Burggarten 33
Burggebäude 20, 27
Burgherr 10, 13, 16, 17, 22, 29, 31, 34, 40, 53
Burgturm 20, 53

C
Cherusker 56
Circus 79, 97
Colonia Ulpia Traiana 70, 71
Contubernium 62

D
Daumenstock 37
Dino-Park 109
Dinosaurier 98, 100, 102, 106, 108, 109
Domus 55, 74, 97
Drachenkopf 139
Drachenloch 118, 119
Drusus 66, 82

E
Eiszeit 114, 115, 118
Eiszeitjäger 120, 121
Erbfolge 17
Erbfolgekrieg 17
Erdzeitalter 98, 100, 108, 109
Esszimmer 74, 90

F
Fallbaum 26
Fallgatter 26
Falltür 48
Farn 110
Fehde 22, 23, 29, 53
Fehdewesen 29
Felsenburg 10, 14
Fernstrasse 64, 65
Feuer 33, 48
Feuersbrunst 15, 48
Feuerstelle 121, 128
Feuerwaffe 11, 12, 26
Fliehburg 34
Flotte 66
Flugsaurier 105, 106, 108
Folter 37, 44, 53
Folterkammer 44
Folterkeller 37
Folterstuhl 37
Forica 74
Forum 70, 97
Fossil 98, 105, 106, 107, 110, 111
Fossilienfundstätte 111
Freilichtmuseum 134, 135
Frühgeschichte 99
Frühmensch 113
Fundstätte 112
Fundstück 99
Funkenburg 128
Fußbodenheizung 75, 88
Fußbodenmosaik 72

G
Gallier 63, 70, 97
Ganerbenburg 22, 53
Garküche 91
Garten 10, 33
Gefängnis 10, 20, 30, 45, 46, 53
Germane 54, 56, 59, 63, 70, 74, 58, 97
Germanen 128, 129
Germanicus 66
Germanien 56, 57, 66, 70, 75, 79
Geschützbastion 39
Gladiator 72, 78, 79, 97
Gladiatorenkampf 72, 78
Glutlawine 101
Gott 94
Gottheit 131, 128
Grabbeigabe 126
Graben 11, 16, 25, 34
Gräberfeld 132
Grabkammer 126
Graf 24, 42, 50
Grafensitz 24
Grashütte 112
Grenzwall 54
Gutshof 74, 88, 97

H
Hakenpflug 89
Halsband 48
Hauptburg 11, 16, 25, 29
Hausgott 95
Heerstraße 64
Heldengesang 41
Helm 62
Herd 90, 91
Hermannsdenkmal 56, 57
Herrenhaus 72
Hexe 36, 37
Hexenkeller 36, 37
Hexenverfolgung 36, 37
Hilfstruppe 60, 62
Himmelsscheibe 124, 125
Höhenburg 10, 12, 13, 17, 20, 23, 24, 26, 29, 32, 33, 34, 40, 44, 47, 50
Höhle 115, 116, 118, 119, 120
Höhlenbär 116, 118, 119
Höhlenfestung 14
Höhlenlöwe 115
Höhlenmalerei 116
Homo erectus 112, 113

143

Register

I
Ichthyosaurus 98, 104
Idol 131
Insula 74, 97

J
Jäger 112, 116, 118, 120, 121, 138
Jurameer 104, 105, 107
Jurazeit 104

K
Kaiserstraße 64
Kaisertherme 81, 85
Kalksteinbruch 107
Kamin 14, 21, 42, 51, 53
Kapelle 10, 13, 20, 24, 26, 29, 30, 33, 40, 47
Kastell 58, 59, 60, 61, 62, 80, 81, 97
Kelten 126
Keltenfürst 126, 127
Keltengrab 126
Kemenate 11, 32, 33, 40, 42, 53
Kerker 19, 44
Kettenpanzer 62
Klassenzimmer 92
Kohorte 62
Korallenriff 104
Kreide 108
Kreuzzug 47, 53
Küche 74, 90
Kulthaus 123
Kultplatz 130
Küraß 32

L
Lagune 106, 107
Landesherr 30, 48
Langhaus 129
Langschiff 138 , 139
Latein 54
Legion 56, 57, 58, 62, 64, 97
Legionär 57, 61, 62, 63, 97
Legionslager 62
Lehrer 92, 93
Limes 54, 58, 59, 60, 87, 88, 96, 97
Limesturm 59
Lindwurm 103
Lösegeld 14, 47
Lufterkundung 125

M
Mammut 114, 115, 120
Meilenstein 64
Minnelied 47
Minnesänger 50, 51, 53
Mittelalter 10, 11, 12, 16, 20, 24, 32, 33, 38, 42, 46, 53
Moorheiligtum 130
Mosaik 54, 72, 97
Mosaikboden 73
Motte 35

N
Naturalabgabe 24
Neandertaler 116, 117
Nibelungenlied 41
Niederungsburg 36

O
Opfergabe 94, 95
Opferstätte 130

P
Paläontologe 98
Palas 11, 29, 40, 42, 47, 50, 53
Palastvilla 72
Pangäa 108
Perm 110, 111
Pfahlbau 122
Pfahlbaudorf 122
Plateosaurus 102, 103
Plesiosaurus 98, 104
Porta Nigra 72, 84, 85
Porta Praetoria 55, 63
Priester 130
Provinz 56, 84
Pulverturm 12, 13, 29

R
Randhausburg 22, 23, 24
Raubritter 14, 53
Rauchzeichen 59
Recht 23, 24
Rechtsprechung 30, 44
Reflexbogen 133
Reformator 51
Reichsburg 46
Reichskleinodien 46
Reichsritter 23
Reisewagen 64
Reiterkrieger 132, 133
Rentier 120
Reptilie 101, 104, 106

Rheinbrücke 68, 69
Rheingrenze 66
Rhetorik 93, 97
Riesenschachtelhalm 101
Ringburg 30, 42
Ringmauer 39, 48
Ringwall 136, 137
Ritter 13, 23, 24, 29, 30, 32, 40, 48, 50, 53
Rittersaal 14, 23, 32, 41, 50, 53
Ritterschwert 40
Rittertum 26
Rom 54, 56, 62, 84, 97
Römerbrücke 68, 69
Römerkanal 76
Römerkastell 60, 61
Römerkran 86, 87
Römerschiff 66
Römerstadt 70, 71, 90, 96
Römerstraße 65, 86
Römisches Reich 54, 76, 78, 84, 97
Ruderboot 67
Rundburg 48
Rüstkammer 26, 32, 33
Rüstung 30, 53

S
Sage 13, 15, 20, 30, 35, 40, 47
Saurier 98, 102, 103
Saurierfährte 108
Schauspieler 82
Schauspielmaske 83
Scheiterhaufen 36, 37
Schiff 66, 67, 72
Schild 62
Schildkrötenpanzer 62
Schildmauer 25
Schlacht 56, 62, 66
Schlachtfeld 57
Schlangenhals-Saurier 104
Schleudergeschütz 23
Schloss 19, 40
Schule 92, 93
Schwert 23, 29, 40, 46, 50, 53
Seeräuber 132
Seismosaurus 109
Skelett 110, 114, 115, 117, 119, 127
Sklave 55, 59, 62, 78, 82, 88, 90, 92, 97
Slawen 128, 132
Slawenburg 132, 133
Sonnenobservatorium 125
Speer 113, 120, 121
Speerschleuder 121
Staatsgefängnis 46

144

Register

Stadttor 84, 85
Statthalter 56
Steinofenluftheizung 42
Steinschleuder 42, 53
Steinzeitmensch 121
Steinzeitwerkstatt 116, 117
Stenosaurus 105
Sternwarte 125
Straße 64, 65
Streckbank 37

T

Tausendfüßer 101
Tempel 128
Tempel 54, 70, 94
testudo 63
Theater 70, 78, 82
Therme 54, 76, 80, 81, 85, 97
Tieropfer 124
Toilette 74, 75
Tor 11, 16, 24, 25, 26, 27, 33, 42, 48
Triaszeit 102
Trittsiegel 109
Tunika 92, 97
Turm 10, 11, 12, 16, 20, 29, 30, 32, 38, 53

Turmburg 22
Turmhügelburg 34, 35
Turnier 40, 53
Tyrannosaurus Rex 98

U

Urfehde 30, 53
Urgeschichte 99, 117
Urkontinent 108
Urmensch 113, 116
Urpferdchen 98, 111

V

Varus 56, 57
Varusschlacht 57, 58
Verlies 10, 13, 34, 36, 39
Via Claudia Augusta 64, 65, 97
Villa 74
Vorburg 11, 16, 48
Vulkanausbruch 101, 120

W

Wachturm 58, 59, 97
Waffe 57, 62, 78, 79
Wagenrennen 79, 95, 97
Waldelefant 112, 113

Wasserburg 10, 18, 39, 48, 49
Wasserleitung 76, 77, 97
Wehranlage 125, 130
Wehranlage 24
Wehrbau 128
Wehrgang 38, 39
Wehrmauer 11
Wehrplattform 20
Wehrturm 18, 34
Wehrturm 84
Widerstand 56
Wikinger 138, 139
Wohnhaus 74, 75
Wohnturm 22, 24, 30, 34, 42
Wurferker 11, 32
Wurfmaschine 42
Wurfspieß 62

Z

Zahnstange 32
Zenturie 62
Zoll 34, 38
Zollburg 10, 38, 39
Zollstation 18
Zugbrücke 11, 16, 26

145

Bildquellennachweis

Bildquellennachweis Abenteuerreise in die Welt der Burgen:
dpa: S. 20, S. 43
Bildagentur Huber, Garmisch-Partenkirchen: Cover, S. 15, S. 23, S. 25, S. 27, S. 28, S. 33, S. 40
Robert Barradi, Foto zur Verfügung gestellt von der Fondation du Château de Chillon: S. 19
Kiedrowski, Rainer, Ratingen: S. 39, S. 49
Kittner, I., Museum Alte Burg Penzlin: S. 36
Klammet, Waltraud, Europa-Farbbildarchiv, Ohlstadt: S. 17, S. 50
Kulturstiftung für den Landkreis Merzig-Wadern, Merzig: S. 35
Müller, Wolfgang, Oberried/St. Wilhelm: S. 31, S. 47
Otto, Werner, Reisefotografie, Oberhausen: S. 13,
Schieckel, Klaus, Stolpen: S. 45

Bildquellennachweis Abenteuerreise in die Welt der Römer:
Archäologischer Park Carnuntum: S. 93
Bayerisches Landesamt für Denkmalpflege, Thierhaupten: S. 65
Bildagentur Huber, Garmisch-Partenkirchen: Cover, S. 56
Dr. Klaus Grewe, Landschaftsverband Rheinland, Rheinisches Amt für Bodendenkmalpflege, Bonn: S. 76
Archäologische Denkmalpflege Mainz/Bildagentur Rath: S. 82
Landschaftsverband Rheinland/Archäologischer Park/Regionalmuseum Xanten: Cover, S. 71, S. 87, S. 95
Winfried Popp, Zell: S. 89
Römerkastell Saalburg Archäologischer Park: S. 61
Römerstadt Augusta Raurica/Ursi Schild: S. 91
Römisch-Germanisches Zentralmuseum, Forschungsbereich Antike Schifffahrt, Mainz: S. 67
Ulrich Sauerborn, Aalen: Cover, S. 59
Römerhalle, Bad Kreuznach: S. 73
Stadt Homburg: S. 74
Stadt Regensburg/Peter Ferstl: S. 63
Stadt Trier: Cover, S. 69, S. 79, S. 85
Stadt Weißenburg: S. 80

Bildquellennachweis Abenteuerreise Von den Dinosauriern bis zu den Wikingern:
Annelie Kolar, Schlotheim: S. 130
Archäologisches Landesmuseum Mecklenburg-Vorpommern, Schloss Wiligrad, 19069 Lübstorf: S. 135
Brandenburgisches Landesamt für Denkmalpflege und Archäologisches Landesmuseum (BLDAM)/E. Bönisch: S. 136
Dinosaurier-Freilichtmuseum Münchehagen, Rehburg-Loccum: Cover, S. 108
Forschungsbereich Altsteinzeit des Römisch-Germanischen Zentralmuseums Mainz (Neuwied): S. 121
Freilichtanlage Funkenburg, Westgreußen: S. 128
Hessisches Landesmuseum Darmstadt/Wolfgang Fuhrmannek: S. 110
Jura-Museum Willibaldsburg, Eichstätt: S. 106
Keltenmuseum Hochdorf: S. 127
Landesamt für Denkmalpflege und Archäologie Sachsen-Anhalt (LDA)/Juraj Lipták: Cover, S. 125
Prof. D. Mania/Landesamt für Denkmalpflege und Archäologie Sachsen-Anhalt (LDA): S. 112
Museum für Naturkunde/Rößler, Chemnitz: S. 101
Museum Mödling/Prof. Peter Karanitsch, Österreich: S. 133
Naturhistorische Gesellschaft Nürnberg e.V.: S. 102
Naturkunde- und Mammut-Museum Siegsdorf: S. 114
Neanderthal Museum, Mettmann: S. 116
Pfahlbaumuseum/Schöbel, Unteruhldingen: S. 122
Urwelt-Museum Hauff/Rolf Hauff, Holzmaden: Cover, S. 104
Urwelt-Museum Oberfranken, Bayreuth: S. 118
Wikinger Museum Haithabu: S. 138

Wissen erleben

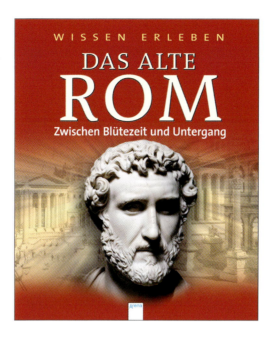

Das alte Rom
Zwischen Blütezeit und Untergang

Das alte Rom! Seine Feldzüge und Eroberungen, Politik, Philosophie und Lebensart, die Tempel, das Forum, Wagenrennen und Gladiatorenkämpfe, Reichtum und Sklaverei – hautnah erleben wir Aufstieg und Untergang dieser mächtigen Kultur in prachtvollen Bildern und spannenden Texten.

64 Seiten.
Gebunden.
ISBN 978-3-401-05790-3
www.arena-verlag.de

Wissen erleben

Burgen und Festungen
Zeugnisse der Weltgeschichte

Verblüffend lebendige Darstellungen und mitreißende Texte bieten uns eine faszinierende Reise durch Zeit und Raum: von den Wehranlagen der Bronzezeit bis zu den Kreuzfahrerfestungen des Mittelalters, von exotischen Burgen in Asien bis zu den Forts der Amerikaner.

Arena

60 Seiten.
Gebunden.
ISBN 978-3-401-05787-3
www.arena-verlag.de

Rainer M. Schröder

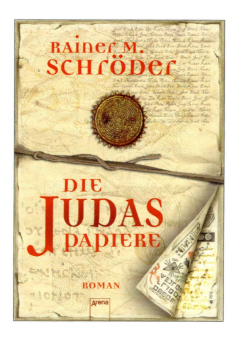

Die Judas-Papiere

Ein kleines, ledergebundenes Notizbuch, das eines der wichtigsten Geheimnisse des christlichen Abendlandes birgt. Ein machtvoller Geheimbund, der seit Jahrhunderten nur zu einem Zweck existiert. Eine junge Frau, deren Träume im Verborgenen bleiben. Und drei tollkühne Abenteurer im atemberaubenden Wettlauf um ein seit fast 2000 Jahren verschollenes Schriftstück: das Evangelium des Judas.

750 Seiten.
Gebunden.
ISBN 978-3-401-06185-6
www.arena-verlag.de